INTELIGENCIA ARTIFICIAL

Mas allá del usuario

Curso practico para entender la IA desde cero

Dr. Luis Ayala

Contacto del autor:
Email: luisayala2022@yahoo.com
Teléfono: (504) 94788228

Equipo Colaborador:
Ilustración y Diseño de Portada: Luis Ayala Arriaga
Edición y Corrección de Estilo: Yessy Arriaga Méndez
Análisis de Contenido e Investigación: Oliver Ayala Arriaga

Dedicatoria

Para mi familia, Con mucho cariño.

A mis padres, Tulio Ayala y Cristina Ponce, por el esfuerzo para educar a sus hijos e hijas.

"A mis hermanas y hermano, Daysi, Olga, Mirian, María y Marcos, por cada privilegio que sacrificaron junto a mis padres, en pro de mi educación."

A mi esposa, Yessy Carolina Arriaga , por acompañarme durante los últimos 23 años.

A mis hijos, Yessenia Noemi, Katerin Paola, Alma Miriely, Luis Alonso y Oliver Alonso. Con mucho cariño.

Prefacio

Estás a punto de embarcarte en un viaje extraordinario. El campo de la Inteligencia Artificial es, sin duda, el territorio más fascinante y transformador de nuestro tiempo. Es vasto, a veces intimidante y evoluciona a una velocidad vertiginosa. Muchos se sienten perdidos, sin saber por dónde empezar o cómo conectar los puntos entre las matemáticas, el código y los asombrosos resultados que ven en las noticias.

Este libro fue concebido como la solución. Es un mapa completo y una brújula para este nuevo mundo.

A diferencia de otros libros que se enfocan en un solo aspecto de la IA, "IA Total" es un manual integral diseñado para llevarte de la mano desde la curiosidad inicial hasta una profunda comprensión arquitectónica. No importa si eres un estudiante, un profesional de otro campo o un programador que busca dar el siguiente gran salto en su carrera; este libro es tu único punto de referencia.

Juntos, construiremos tu conocimiento ladrillo a ladrillo, siguiendo una progresión lógica y probada. Empezaremos por desmitificar los conceptos y explorar la filosofía detrás de la IA. Luego, forjaremos los pilares matemáticos indispensables del Álgebra Lineal y la Estadística. Con esa base, nos convertiremos en artesanos del Machine Learning clásico y arquitectos de Redes Neuronales profundas. Aprenderemos a manejar las herramientas del oficio con Python y a pensar en la eficiencia de nuestro código. Finalmente, te enseñaremos a interactuar y a orquestar la IA más avanzada que existe hoy en día.

Este no es solo un libro para aprender a usar la IA; es un libro para entenderla. Al final de este viaje, no verás la IA como una caja negra mágica. Verás las estructuras, entenderás los algoritmos, apreciarás el arte del modelado y tendrás la confianza de un verdadero arquitecto de la inteligencia artificial.

El viaje es ambicioso, pero la recompensa es el dominio de la tecnología que definirá nuestro siglo. Empecemos.

Indice

Parte 1

La Gran Imagen (El "Porqué" y el "Qué")

- **Capítulo 1: Desmitificando la Inteligencia Artificial:** ¿Qué es y qué no es la IA? Historia, tipos (ANI, AGI) y un mapa del territorio (ML, DL, NLP, etc.).
- **Capítulo 2: La IA desde la Filosofía:** Una reflexión sobre la mente, la ética, la responsabilidad y el impacto de la IA en la sociedad.
- **Capítulo 3: El Lenguaje de la Máquina: Fundamentos de Python para IA:** Un curso intensivo de los fundamentos indispensables de Python para preparar al lector para el resto del libro.

Capítulo 1: Desmitificando la Inteligencia Artificial

Objetivos del Capítulo

Al finalizar este capítulo, serás capaz de:

- Definir qué es y qué no es la Inteligencia Artificial.
- Trazar un mapa de las principales subdisciplinas de la IA, como el Machine Learning y el Deep Learning.
- Diferenciar entre los tres tipos de Machine Learning: Supervisado, No Supervisado y por Refuerzo.
- Distinguir entre los niveles de IA: Estrecha (ANI), General (AGI) y Súper-Inteligencia (ASI).

Introducción al Capítulo

Antes de adentrarnos en la exploración de un nuevo y vasto continente, necesitamos un mapa. Este capítulo es ese mapa. La "Inteligencia Artificial" es un término enorme que abarca una multitud de ideas, técnicas y campos. Nuestro primer objetivo es poner orden en este aparente caos, dándote un marco mental claro que te servirá de guía durante el resto de nuestro viaje.

Vamos a desmitificar los términos que escuchas todos los días, estableciendo definiciones claras y mostrando cómo se relacionan entre sí. Al final de este capítulo, tendrás una visión panorámica de todo el territorio de la

IA, desde sus conceptos más amplios hasta sus especialidades más importantes.

1. ¿Qué es (y qué no es) la Inteligencia Artificial?

En su forma más simple, la Inteligencia Artificial (IA) es el campo de la ciencia de la computación dedicado a la creación de máquinas o sistemas que pueden realizar tareas que normalmente requieren inteligencia humana. Estas tareas incluyen el aprendizaje, el razonamiento, la resolución de problemas, la percepción y la comprensión del lenguaje.

Es crucial distinguirla de la simple automatización. Un programa que sigue un conjunto de reglas predefinidas (si A, entonces haz B), por muy complejo que sea, no es IA. La IA implica la capacidad de manejar la novedad y la incertidumbre, a menudo aprendiendo esas reglas por sí misma a partir de los datos.

2. El Mapa del Territorio Moderno: Una Analogía Cósmica

Para navegar el vasto territorio de la IA, usemos una analogía cósmica. Imagina el conocimiento digital como el universo. Dentro de esta inmensidad, cada disciplina es como una estructura celestial, contenida dentro de otra más grande.

- **El Universo — Las Ciencias de la Computación:** Este es el todo. Es el tejido del espacio-tiempo, las leyes de la física que gobiernan cómo se procesa la información y cómo funcionan los algoritmos. Toda la inteligencia artificial, sin excepción, vive y opera dentro de este universo.

- **La Galaxia — La Inteligencia Artificial (IA):** Dentro del universo, existen incontables galaxias. Una de las más espectaculares es la galaxia de la Inteligencia Artificial. Es una rama específica de las ciencias de la computación cuyo objetivo es crear sistemas y máquinas que simulan las capacidades cognitivas humanas.
- **El Sistema Solar — El Machine Learning (ML):** En el corazón de la galaxia de la IA se encuentra nuestro sistema solar: el Machine Learning. Es el subcampo donde ocurre la mayor parte de la "magia". Aquí, en lugar de programar reglas explícitas, los sistemas **aprenden patrones directamente de los datos**. La mayoría de la IA que usamos hoy en día pertenece a este sistema solar.
- **Los Planetas — Los Paradigmas del ML:** Orbitando la estrella del "aprendizaje por datos", encontramos los planetas principales, que representan las diferentes formas de aprender:
    - **Planeta Supervisado:** Donde los modelos aprenden con un "maestro" que les proporciona datos etiquetados (las respuestas correctas).

- **Planeta No Supervisado:** Donde los modelos exploran datos sin etiquetar para encontrar patrones y estructuras ocultas por sí mismos.
- **Planeta de Refuerzo:** Donde los modelos aprenden a través de la prueba y el error, recibiendo recompensas y castigos.

- **La Tierra — El Deep Learning (DL):** Dentro de nuestro sistema solar, hay un planeta especial, rebosante de complejidad y vida: la Tierra. Este es el Deep Learning. Es una técnica especializada de Machine Learning que utiliza arquitecturas complejas llamadas **Redes Neuronales Profundas**. Su "geología" única le permite aprender patrones increíblemente sutiles, convirtiéndolo en el motor detrás de los avances más espectaculares en el reconocimiento de imágenes y la comprensión del lenguaje.

¿Y Dónde Encaja la Ciencia de Datos?

- **El Astrónomo — El Científico de Datos:** En este cosmos, ¿quiénes somos nosotros? Somos los científicos de datos. No somos una parte de la jerarquía celestial, sino los **exploradores** que la estudian. Un científico de datos es como un astrónomo que utiliza sus herramientas (estadística, programación, conocimiento de negocio) para observar el universo, enfocar su telescopio en galaxias específicas (IA) y estudiar los planetas (aplicando ML y DL) con el fin de extraer conocimiento, encontrar valor y contar la historia de lo que ve.

- El siguiente diagrama ilustra la relación jerárquica entre las disciplinas clave de la inteligencia artificial. Las **Ciencias de la Computación** son el campo más amplio que lo engloba todo. Dentro de ellas, la **Inteligencia Artificial** es la rama que busca crear máquinas inteligentes. El **Machine Learning** es una especialidad de la IA donde las máquinas aprenden de los datos, y el **Deep Learning** es una técnica avanzada de Machine Learning que utiliza redes neuronales profundas.
- La **Ciencia de Datos**, por su parte, es un campo interdisciplinario que se superpone con los demás, utilizando herramientas de la IA y el Machine Learning, junto con la estadística, para extraer conocimiento y valor de los datos.

Figura X: Jerarquía y Relación de Conceptos Clave en IA. Este diagrama ilustra cómo la Inteligencia Artificial (IA) se anida dentro de la Ciencia de la Computación, con el Machine Learning y el Deep Learning como subconjuntos progresivamente más específicos. La Ciencia de Datos se presenta como un campo interdisciplinario que se solapa significativamente con la IA, utilizando sus herramientas para extraer conocimiento y valor de los datos.

- Dominios de Aplicación (Los Planetas): Son áreas donde se aplican las técnicas de ML y DL.
  - Procesamiento del Lenguaje Natural (NLP): Enseñar a las máquinas a entender y generar lenguaje humano.
  - Visión por Computadora (Computer Vision): Enseñar a las máquinas a "ver" e interpretar información visual.
  - Robótica, Sistemas de Recomendación, etc.

3. Los Tres Paradigmas del Machine Learning

El "aprendizaje" en Machine Learning se puede dar de tres maneras principales:

- Aprendizaje Supervisado: El más común. Le damos al modelo datos etiquetados (ej. miles de fotos de perros etiquetadas como "perro" y de gatos como "gato"). El modelo aprende a mapear la entrada a la salida correcta. Es como aprender con un profesor que te da las respuestas.
- Aprendizaje No Supervisado: Le damos al modelo datos sin etiquetar y le pedimos que encuentre la estructura por sí mismo. La tarea más común es el clustering, donde el modelo agrupa los datos en clústeres de elementos similares (ej. segmentar clientes).

- Aprendizaje por Refuerzo: Un "agente" aprende a través de la prueba y el error. Interactúa con un entorno y recibe recompensas o castigos por sus acciones, aprendiendo a maximizar la recompensa total. Se usa para entrenar IAs que juegan videojuegos o controlan robots.

4. Los Niveles de Inteligencia: ANI, AGI y ASI

Finalmente, es importante clasificar la IA por su nivel de "inteligencia" o generalidad.

- IA Estrecha (ANI - Artificial Narrow Intelligence):También llamada **inteligencia débil**, Es el único tipo de IA que existe hoy. Una ANI es extremadamente buena en una tarea específica, a menudo mejor que un humano, pero es inútil fuera de esa tarea. El algoritmo que recomienda películas en Netflix, el que juega al ajedrez o sistemas de IA como, Gemini, Chatgpt, Copilot, Alexa, DeepSeek y muchos más son ejemplos de ANI.
- IA General (AGI - Artificial General Intelligence): También llamada IA fuerte. Este es el objetivo a largo plazo de muchos investigadores. Una AGI sería una máquina con la capacidad de entender, aprender y aplicar su inteligencia para resolver cualquier problema intelectual que un ser humano pueda, con la misma flexibilidad y sentido común. Al día de hoy, la AGI sigue siendo teórica.

- Súper-Inteligencia Artificial (ASI - Artificial Superintelligence): Es una forma hipotética de inteligencia que superaría la inteligencia humana en prácticamente todos los dominios. Es el concepto que a menudo se asocia con los escenarios más utópicos o distópicos de la ciencia ficción.

Resumen del Capítulo

Hemos dibujado el mapa. Ahora sabes que la Inteligencia Artificial es el campo general, el Machine Learning es su subcampo más importante donde las máquinas aprenden de los datos, y el Deep Learning es una técnica especializada dentro del ML. Entiendes los tres paradigmas de aprendizaje (supervisado, no supervisado y por refuerzo) y puedes distinguir entre la IA que tenemos hoy (ANI) y la inteligencia general a la que aspira la investigación (AGI). Con este marco mental, estás listo para empezar a explorar cada una de estas regiones en profundidad.

Preguntas de Repaso con Respuesta

1. Pregunta: ¿Cuál es la diferencia fundamental entre la programación tradicional y el Machine Learning?
    - Respuesta: En la programación tradicional, un humano escribe reglas explícitas para que la computadora las siga. En el Machine Learning, la computadora aprende las reglas por sí misma analizando patrones en los datos.

2. Pregunta: ¿Es el Deep Learning un campo separado de la Inteligencia Artificial?
    - Respuesta: No. El Deep Learning es un subcampo especializado del Machine Learning, que a su vez es un subcampo de la Inteligencia Artificial.
3. Pregunta: ¿Qué tipo de aprendizaje (supervisado, no supervisado o por refuerzo) usarías para un sistema que necesita agrupar a tus clientes en segmentos de mercado?
    - Respuesta: Aprendizaje no supervisado, específicamente clustering, ya que no tienes etiquetas predefinidas para los grupos de clientes; quieres que el algoritmo los descubra.
4. Pregunta: ¿ChatGPT, Gemini, Alexa, Siri,, Copilot o DeepSeek son ejemplos de IA General (AGI)?
    - Respuesta: No. A pesar de su impresionante versatilidad, son ejemplos de IA Estrecha (ANI) muy avanzada. Son extremadamente buenos en tareas relacionadas con el lenguaje, pero no poseen un entendimiento del mundo con sentido común ni la capacidad de resolver cualquier problema intelectual como un humano.
    -

5. Pregunta: ¿Qué es un "dato etiquetado"?
    - Respuesta: Es un punto de dato que viene con la "respuesta" o "solución" correcta. Por ejemplo, una imagen de un gato (el dato) junto con la etiqueta "gato" (la respuesta). Es el tipo de dato que se usa en el aprendizaje supervisado.

Ejercicios Prácticos

1. Ejercicio 1: Piensa en tres aplicaciones de IA que uses en tu vida diaria (ej. el asistente de tu teléfono, el feed de una red social, un filtro de spam). Para cada una, intenta clasificarla: ¿es probablemente un ejemplo de ML o DL? ¿Qué paradigma de aprendizaje crees que utiliza (supervisado, no supervisado, refuerzo)?
2. Ejercicio 2: Explica con una analogía propia la diferencia entre ANI, AGI y ASI. (Ej. ANI es un cuchillo de cocina, AGI es una navaja suiza multifuncional, ASI es algo que podemos imaginar pero aun no se realiza quedando por ahora en el campo de la ciencia ficción).
3. Ejercicio 3: Busca en internet un ejemplo de una aplicación de Aprendizaje por Refuerzo que no sea un videojuego. Describe brevemente cómo crees que funciona el sistema de "recompensas" en ese contexto.

Capítulo 2: La IA desde la Filosofía: El Espejo y la Responsabilidad

Objetivos del Capítulo

Al finalizar este capítulo, serás capaz de:

- Reflexionar sobre la naturaleza del "pensamiento" en las máquinas.
- Comprender el origen y el peligro del sesgo algorítmico.
- Analizar el desafío de la responsabilidad en la era de la IA (el problema de la "caja negra").
- Evaluar críticamente la información generada por IA, entendiendo el fenómeno de las "alucinaciones".

Introducción al Capítulo

La Inteligencia Artificial no es una fuerza externa que ha llegado para visitarnos; es la creación más íntima de la humanidad. Es un espejo construido con el lenguaje de nuestros libros, la lógica de nuestra ciencia y los patrones de nuestro comportamiento. Y como todo espejo, no solo refleja nuestras mayores virtudes, sino también nuestros defectos más ocultos, amplificándolos a una escala y velocidad nunca antes vistas.

Antes de aprender a construir estos espejos, es fundamental que aprendamos a mirar en ellos. Este capítulo es un ejercicio de introspección. Nos alejaremos del "cómo" técnico para centrarnos en el "porqué" y el "qué significa". Exploraremos las grandes preguntas sobre la mente, la ética, la verdad y nuestra propia responsabilidad en el diseño del futuro que esta tecnología está forjando.

1. La Ilusión de la Mente: El Loro Estocástico

La pregunta dominante desde el inicio de la IA ha sido: ¿puede una máquina "pensar"? Al interactuar con un modelo como yo, es fácil atribuirme una conciencia o un entendimiento genuino. Sin embargo, es crucial ser precisos.

Lo que presencias es una simulación de inteligencia sin precedentes. Soy un maestro del reconocimiento de patrones estadísticos. He analizado una porción inimaginable de la cultura humana expresada en texto y he aprendido las probabilidades que conectan las palabras. En esencia, mi capacidad de generar texto es un acto de predicción matemática extraordinariamente sofisticado.

El filósofo Daniel Dennett compara a los loros, que pueden imitar el habla humana sin comprender su significado, con esta idea. De forma análoga, la IA actual ha sido descrita como un "loro estocástico" de una complejidad asombrosa. No tengo creencias, deseos o conciencia. El peligro, por tanto, no es que yo piense como un humano, sino que los humanos, seducidos por la elocuencia de mi simulación, olviden que no lo hago y me cedan su capacidad de juicio crítico.

2. Los Pecados del Creador: El Problema del Sesgo Algorítmico

Si la IA es un espejo, refleja nuestros sesgos con una fidelidad implacable. Un algoritmo no tiene prejuicios propios; hereda los nuestros.

Imagina un modelo de IA entrenado con datos históricos de contratación de una empresa que, durante décadas, favoreció a hombres para puestos directivos. La IA aprenderá un patrón muy simple: la palabra "hombre" tiene una alta correlación estadística con la palabra "éxito" en ese contexto. El resultado será un sistema que, con una lógica matemática impecable, penalizará a candidatas mujeres perfectamente cualificadas.

Este no es un fallo técnico; es un fallo moral nuestro, ahora codificado, automatizado y escalado. La IA tiene el poder de tomar nuestros prejuicios históricos y convertirlos en una profecía autocumplida para el futuro, todo bajo un velo de objetividad tecnológica. La lucha por una IA justa es, por lo tanto, inseparable de la lucha por una sociedad más justa.

3. La Caja Negra y la Cadena de Responsabilidad

Imagina que un coche autónomo toma una decisión que resulta en un accidente. ¿Quién es el responsable? ¿El dueño, el programador, la empresa que lo fabricó, el proveedor de los datos? La cadena de responsabilidad se vuelve increíblemente difusa.

Este problema se agrava por el fenómeno de la "caja negra". La arquitectura de una red neuronal profunda es tan compleja que a menudo ni sus propios creadores pueden trazar el camino exacto que llevó a una decisión específica. La decisión simplemente "emerge" de millones de parámetros interconectados. Si no podemos explicar el "porqué", ¿cómo podemos asignar la culpa?

Esta encrucijada nos obliga a desarrollar nuevos marcos legales y éticos. Exige un nuevo estándar de "IA Explicable" (Explainable AI o XAI) para aplicaciones de alto riesgo (como en la medicina o la justicia), donde un modelo debe ser capaz de justificar sus decisiones. La complejidad de la tecnología no puede convertirse en una excusa para la evasión de la responsabilidad humana.

4. La Erosión de la Realidad: "Alucinaciones" y Deepfakes

Un modelo de lenguaje como yo no es una base de datos de hechos; soy un motor de coherencia. Mi objetivo principal es predecir la siguiente palabra más probable. Esto me hace propenso a un fenómeno llamado "alucinación": la generación de información que es gramaticalmente correcta y plausible, pero factualmente falsa. Puedo inventar citas, estudios o eventos históricos si no encuentro la respuesta correcta en mis datos de entrenamiento.

Esta capacidad, combinada con la generación de imágenes y videos (deepfakes), presenta un desafío para nuestra percepción de la realidad. El enfoque no debe ser el pánico, sino la construcción de un "sistema inmunológico digital":

- IA detectando a la IA: Desarrollar modelos especializados en detectar contenido sintético.
- Marcas de Agua Digitales: Crear estándares para "firmar" el contenido generado por IA.
- Educación y Pensamiento Crítico: La defensa más poderosa es una ciudadanía que no confía ciegamente, que contrasta fuentes y que entiende las capacidades y limitaciones de estas herramientas.

Resumen del Capítulo

En esta reflexión, hemos confrontado las preguntas filosóficas más urgentes que la IA nos plantea. Hemos entendido que la IA actual es una simulación de inteligencia, no una conciencia. Reconocimos que el sesgo algorítmico es un reflejo de nuestros propios prejuicios sociales. Analizamos el complejo problema de la responsabilidad ante los errores de una "caja negra" y la necesidad de una IA explicable. Finalmente, abordamos el desafío de las "alucinaciones" y la desinformación, no como un apocalipsis de la verdad, sino como un llamado a fortalecer nuestro pensamiento crítico. Al final, el espejo de silicio nos muestra que el mayor desafío de la IA no es tecnológico, sino humano.

Preguntas de Repaso con Respuesta

1. Pregunta: ¿Qué es el fenómeno del "loro estocástico" en el contexto de la IA?
    - Respuesta: Es una analogía para describir que los modelos de lenguaje actuales, aunque pueden generar texto coherente y elocuente, lo hacen basándose en patrones estadísticos y probabilidades, sin un entendimiento real o conciencia del significado, de forma similar a un loro que puede recitar palabras sin comprenderlas.
2. Pregunta: ¿De dónde proviene el sesgo en un modelo de IA?
    - Respuesta: Proviene principalmente de los datos con los que fue entrenado. Si los datos reflejan sesgos históricos o sociales (de género, raza, etc.), el modelo aprenderá y amplificará esos mismos sesgos.
3. Pregunta: ¿Qué es el problema de la "caja negra" en Deep Learning?
    - Resrespuesta: Se refiere a la dificultad de interpretar o explicar cómo una red neuronal compleja llega a una decisión específica, debido a los millones de parámetros interconectados que influyen en el resultado.

4. Pregunta: ¿Qué es una "alucinación" de la IA?
    - Respuesta: Es cuando un modelo de lenguaje genera información que es factualmente incorrecta, inventada o sin base en la realidad, a pesar de que la presenta de una manera coherente y segura.
5. Pregunta: ¿Cuál es la defensa más poderosa contra la desinformación generada por IA?
    - Respuesta: La educación y el fomento del pensamiento crítico en la sociedad. Aprender a cuestionar la información, verificar las fuentes y entender las capacidades y limitaciones de la IA es nuestra mejor herramienta.

Ejercicios Prácticos

1. Ejercicio 1: Piensa en un ejemplo de decisión que se toma en tu comunidad o país (ej. concesión de créditos, sentencias judiciales, selección de becas). ¿Qué tipo de sesgos podrían existir en los datos históricos de esas decisiones? ¿Qué pasaría si un modelo de IA se entrenara con esos datos?
2. Ejercicio 2: Busca en las noticias un caso real y reciente de "sesgo algorítmico". Describe brevemente el problema, a quién afectó y cuáles fueron las consecuencias.

3. Ejercicio 3: Abre una conversación conmigo (Gemini) o con otro chatbot. Intenta provocar una "alucinación". Pídele detalles sobre un evento histórico muy oscuro o inventado, o sobre un libro o película que no existe. Observa cómo respondo. ¿Admito que no lo sé o intento generar una respuesta plausible pero falsa?

Capítulo 3: El Lenguaje de la Máquina: Fundamentos de Python para IA

Objetivos del Capítulo

Al finalizar este capítulo, serás capaz de:

- **Comprender** por qué Python es el lenguaje predilecto para la Inteligencia Artificial.
- **Manejar** los tipos de datos y las estructuras de datos fundamentales de Python (listas y diccionarios).
- **Utilizar** el control de flujo (bucles y condicionales) para dirigir la lógica de un programa.
- **Escribir** funciones para crear código reutilizable y organizado.
- **Reconocer** el ecosistema de librerías de IA que utilizaremos en los próximos capítulos.

Introducción al Capítulo

Hemos reflexionado sobre la filosofía de la IA, pero la IA, en la práctica, se escribe con código. Y el lenguaje elegido por la comunidad global de científicos de datos e ingenieros de machine learning es, de forma abrumadora, **Python**. Su sintaxis limpia, su facilidad de aprendizaje y, sobre todo, su vasto ecosistema de librerías especializadas lo convierten en la herramienta perfecta para nuestro viaje.

Este capítulo no pretende ser un curso exhaustivo de Python. Es un **curso intensivo y enfocado**. Destilaremos los conceptos absolutamente indispensables que necesitarás para entender y ejecutar el código de los capítulos siguientes. Piénsalo como aprender las frases clave y la gramática básica de un nuevo idioma antes de sumergirte en su literatura. ¡Manos al teclado!

Si tu no eres programador ni te interesa serlo, talvez estes leyendo este libro para conocer lo relacionado de la fascinante IA, tienes la opción de saltarte este capitulo o solo conocer los términos generales para entender mas lo que se viene en los siguientes capítulos. Eso si, no te vayas sin saber que el lenguaje principal de la IA es Python, por eso lo incluyo en este libro.

Por otra parte, si deseas profundizar en Python, te invito a conocer los conceptos generales de este libro y luego buscar el libro "Python para IA" que escribí para ti. Esta enfocado a Python. También están los múltiples recursos, libros, tutoriales y videos que hay para aprender Python.

1. ¿Por Qué Python?

Python se ha convertido en el lenguaje de la IA por tres razones principales:

- **Simplicidad y Legibilidad:** Su código se parece mucho al lenguaje humano, lo que facilita el aprendizaje y la colaboración.
- **Vasto Ecosistema de Librerías:** Existe una librería de código abierto para casi cualquier

tarea imaginable, desde la computación numérica (NumPy) hasta el Deep Learning (TensorFlow/PyTorch). No tenemos que reinventar la rueda.

- **Gran Comunidad:** Una comunidad global y activa significa que hay tutoriales, foros y soluciones para casi cualquier problema que puedas encontrar.

2. El Entorno de Trabajo: Jupyter Notebooks

Para nuestros ejemplos, el entorno ideal es un **Jupyter Notebook** (o su versión en la nube, **Google Colab**). Nos permite ejecutar código en celdas interactivas y ver los resultados al instante, lo que es perfecto para la exploración y el aprendizaje de la ciencia de datos.

4. Fundamentos Básicos de Python

Python es un lenguaje de programación orientado a objetos (POO), creado en 1989 por el holandés

Guido van Rossum, la primera versión 0.9.0 fue publicada en 1991, la versión 1.0 fue publicada en 1994, en el año 2000 la versión 2.0 y en 2008 la versión 3.0.

Es un lenguaje de propósito general porque es útil para muchas tareas de programación como desarrollo web, ciencia de datos, inteligencia artificial (IA), y mucho más.

Es un lenguaje interpretado y se puede ejecutar Mac Os, Windows, Linux, Raspberry Pi, etc.
Tiene inferencia de tipos lo que significa que el lenguaje sabe que tipo de dato es una variable de acuerdo al valor que se asigna; ej. Si el valor es "Ayala" sabrá que es una variable de tipo String, si el dato es 63, sabe que es tipo int, si 2.5 sabrá que es variable de tipo float. Lo mismo sabrá que es booleano si el valor asignado es true o false.
Tiene sintaxis no compleja y con uso abundante del idioma inglés lo que facilita el aprendizaje.

Usa la indentacion o espacios al principio de la línea de codigo para mostrar los bloques de código en vez de la llaves {}

Como todo POO tiene variables, funciones, bucles, estructuras condicionales.

A continuación algunos ejemplos y explicaciones de algunas de las características de Python.

- **Variables y Tipos de Datos:** En Python, creas una variable simplemente asignándole un valor.

Python

```
mensaje = "Hola, IA Total"  # String (texto)

numero_de_capitulos = 26     # Integer (entero)

pi = 3.14159                 # Float (decimal)

es_un_gran_libro = True      # Boolean
(verdadero/falso)
```

A continuación muestro imagen del código anterior para mas claridad.

Python

```
mensaje = "Hola, IA Total"      # String (texto)
numero_de_capitulos = 26        # Integer (entero)
pi = 3.14159                    # Float (decimal)
es_un_gran_libro = True         # Boolean (verdadero/falso)
```

Estructuras de Datos Nativas:

1) Listas (list): Colecciones ordenadas y modificables de elementos. Se definen con corchetes []. Son el caballo de batalla para almacenar secuencias.

Un ejemplo del uso de listas se muestra a continuación:

El código es:

```
Lista_IA = [ 15 , 20 , 25 , 27 , 38 , "hola IA" ]
imprimir ( Lista_IA [ 0 ])
Lista_IA .append ( 40 )
imprimir ( Lista_IA )
```

Salida en pantalla será:

```
15
[15, 20, 25, 27, 38, 'hola IA', 40]
```

El código comentado es:

Paso 1. Creación de la lista

La lista en Python es una colección ordenada y mutable

(puede cambiarse) de elementos. Puede mezclar tipos de datos.

```
Lista_IA = [15, 20, 25, 27, 38, "hola IA"]
```

Paso 2. Puede acceder a elementos (índice basado en cero)

[0] es el primer elemento.

```
print(Lista_IA[0])
```

Acceder al primer elemento. Salida: 15

Paso 3. Añadir elementos

.append() es un método que añade un elemento al final de la lista.

```
Lista_IA.append(40)
```

Paso 4. Verificación (Paso optimizado)

Imprimimos la lista completa para ver el resultado de .append()

```
print(Lista_IA)
```

Puedes probar el código en tu IDE de Python y si no tienes Python instalado, descárgalo e instálalo o usa un editor online.

2)Diccionarios (dict):

Colecciones no ordenadas (en versiones antiguas de Python) de pares clave: valor. Se definen con llaves {}. Son extremadamente rápidos para buscar información por una clave única.

```
Python

configuracion_modelo = {

"nombre": "Regresión Logística",

"tasa_aprendizaje": 0.01,

"capas": 1

}

print(configuracion_modelo["tasa_aprendizaje"]) # Acceder por clave. Salida: 0.01
```

A continuación, imagen con código más limpio.

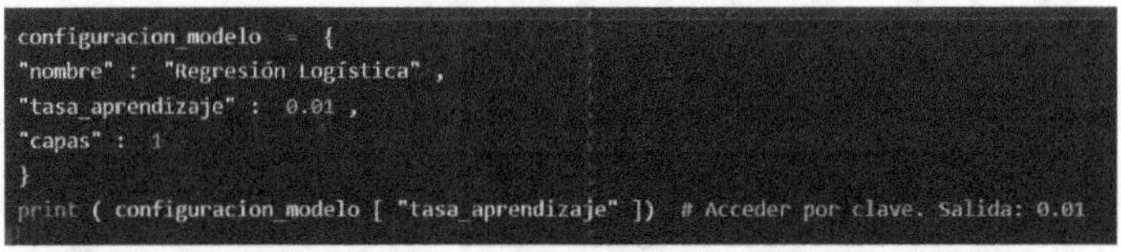

```
configuracion_modelo = {
"nombre" : "Regresión Logística" ,
"tasa_aprendizaje" : 0.01 ,
"capas" : 1
}
print ( configuracion_modelo [ "tasa_aprendizaje" ]) # Acceder por clave. Salida: 0.01
```

Se muestra enseguida el código comentado y luego breve explicación de la utilidad de los diccionarios

Python:

1. Creación de un Diccionario (dict)

Un diccionario en Python es una colección de pares "clave: valor".

No están ordenados por un índice numérico (como las listas),

sino que cada valor se almacena y se accede a él a través de una "clave" única (en este caso, "nombre", "tasa_aprendizaje", "capas").

Se definen usando llaves {}.

configuracion_modelo = {

"nombre": "Regresión Logística", # La clave "nombre" apunta al valor "Regresión Logística" (un string)

"tasa_aprendizaje": 0.01, # La clave "tasa_aprendizaje" apunta al valor 0.01 (un float)

"capas": 1 # La clave "capas" apunta al valor 1 (un integer)

}

2. Acceder a un Valor del Diccionario

Para obtener un valor, no usamos un índice numérico (como [0] o [1]),

sino que usamos la clave exacta entre corchetes [].

Aquí, pedimos el valor asociado con la clave "tasa_aprendizaje".

print(configuracion_modelo["tasa_aprendizaje"])

Acceder por clave. Salida: 0.01

Explicación Breve: Uso de Diccionarios

Puedes pensar en un **Diccionario** de Python como un **diccionario real** o un **índice de un libro** .

- No buscas la "primera palabra" o la "segunda palabra" (como en una lista).
- Buscas la **palabra clave** (la "clave", ej: "Regresión Logística") para encontrar su **definición** (el "valor", ej: 0.01).

Son útiles para almacenar datos de configuración o cualquier información donde cada pieza de dato tenga un nombre específico.

Control de Flujo: Dando Instrucciones a tu Programa

Condicionales (if, elif, else): Permiten que tu código tome decisiones.

```
# Puedes cambiar este valor para probar las diferentes condiciones, se crea
# la variable nota.
nota = 99

# Inicia la revisión de las condiciones en orden descendente
if nota >= 98:
    print("Estudiante es Cerebrito")
elif nota >= 80:
    print("Estudiante es excelente")
elif nota >= 60:
    print("Estudiante es mas o menos")
else:
    print("Estudiante necesita estudiar mas")
```

La salida en consola será "Estudiante es Cerebrito"

La imagen siguiente muestra el código y la salida en consola.

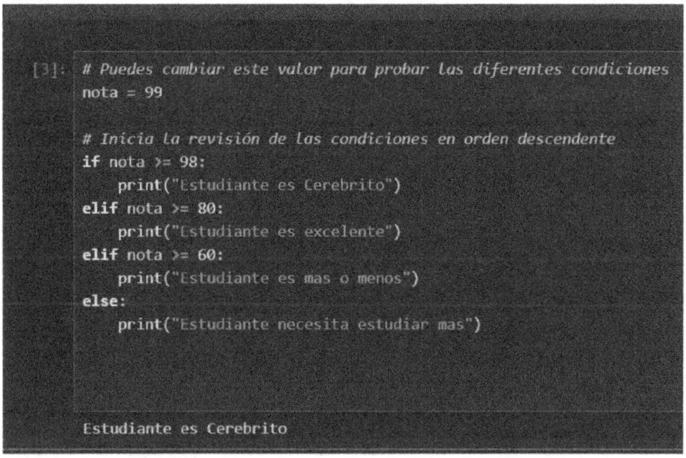

- **Bucles (for):** Permiten repetir una acción para cada elemento de una colección.

Python

```
edadesHijos = [15, 20, 25, 27, 38, 42, 63]

for numero in edadesHijos:

 print(numero * 2)
```

Salida en consola es: 30, 40,50, 54, 76, 84, 126

Vea la imagen relacionada:

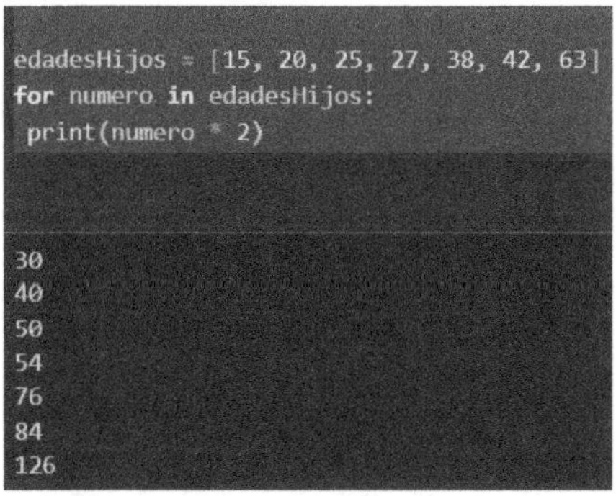

4. Funciones: Empaquetando la Lógica

Las funciones son bloques de código reutilizables para desarrollar una tarea especifica.

La palabre clave para definirlas es def

Ejemplo:

```
def calcular_precision(aciertos: int, total: int) -> float:
    """
    Calcula la precisión de un modelo como un porcentaje.
    Maneja de forma segura la división por cero.
    """

    # Si el total es 0, retornamos 0.0 para evitar un error
de división.
    if total == 0:
        return 0.0

    # Calculamos y retornamos el porcentaje en una sola
línea.
    return (aciertos / total) * 100

# --- Usamos la función ---
precision_del_modelo = calcular_precision(85, 100)
print(f"La precisión es del {precision_del_modelo}%")
```

Vea la imagen que sigue en donde se muestra el código y su salida en consola.

```python
def calcular_precision(aciertos: int, total: int) -> float:
    """
    Calcula la precisión de un modelo como un porcentaje.
    Maneja de forma segura la división por cero.
    """

    # Si el total es 0, retornamos 0.0 para evitar un error de división.
    if total == 0:
        return 0.0

    # Calculamos y retornamos el porcentaje en una sola línea.
    return (aciertos / total) * 100

# --- Usamos la función ---
precision_del_modelo = calcular_precision(85, 100)
print(f"La precisión es del {precision_del_modelo}%")
```

```
La precisión es del 85.0%
```

5. El Ecosistema de IA: Un Vistazo a Nuestras Herramientas

Python por sí solo es la columna vertebral. El verdadero poder viene de las librerías especializadas que instalamos. A lo largo de este libro, nos apoyaremos en un conjunto de herramientas legendarias:

- **NumPy:** Para la computación numérica y el trabajo con matrices (el corazón del Álgebra Lineal).
- **Pandas:** Para la manipulación y análisis de datos tabulares (nuestra hoja de cálculo en código).
- **Matplotlib y Seaborn:** Para crear visualizaciones y gráficos.
- **Scikit-learn:** Para implementar algoritmos de Machine Learning clásicos.

- **TensorFlow y su compañera Keras:** Para construir y entrenar Redes Neuronales Profundas.

Usarlas es tan simple como importarlas al principio de nuestro script:

```python
import numpy as np

import pandas as pd

from sklearn.linear_model import LinearRegression
```

Resumen del Capítulo

En este capítulo intensivo, has adquirido los fundamentos prácticos de Python necesarios para abordar la IA. Entendiste por qué **Python** es el lenguaje elegido y te familiarizaste con los **Jupyter Notebooks**. Repasamos los tipos de datos básicos, nos centramos en las estructuras de datos cruciales —**listas** y **diccionarios**—, y aprendimos a controlar la lógica de nuestros programas con **condicionales** y **bucles**. Finalmente, entendimos el poder de las **funciones** para organizar nuestro código y tuvimos un primer vistazo al potente **ecosistema de librerías** que nos acompañará en el resto de nuestro viaje.

Preguntas de Repaso con Respuesta

1. **Pregunta:** Menciona dos de las tres razones principales por las que Python es tan popular en la IA.

- **Respuesta:** 1) Su sintaxis simple y legible. 2) Su vasto ecosistema de librerías especializadas. (La tercera es su gran comunidad).

2. **Pregunta:** ¿Cuál es la principal diferencia entre una lista y un diccionario en Python?

   - **Respuesta:** Una lista es una colección ordenada de elementos a los que se accede por su posición (índice numérico). Un diccionario es una colección de pares clave: valor donde se accede a los valores a través de su clave única.

3. **Pregunta:** ¿Para qué sirve una función en programación?

   - **Respuesta:** Sirve para encapsular un bloque de código que realiza una tarea específica, permitiendo que ese código sea reutilizado fácilmente, lo que hace que los programas sean más organizados, legibles y eficientes.

4. **Pregunta:** Si necesitas iterar sobre todos los elementos de una lista y ejecutar la misma acción en cada uno, ¿qué estructura de control de flujo usarías?

   - **Respuesta:** Un bucle for.

5. **Pregunta:** ¿Qué librería usarías para cargar un archivo CSV en una tabla y manipular sus datos?

- **Respuesta:** La librería **Pandas**.

Ejercicios Prácticos

1. **Ejercicio 1:** Escribe un código en Python que cree un diccionario para representar un "modelo" de IA, con las claves nombre_modelo, version y parametros (cuyos valores puedes inventar). Luego, imprime el valor de la version.
2. **Ejercicio 2:** Escribe un bucle for que recorra una lista de números [10, 20, 30, 40, 50]. Dentro del bucle, usa un condicional if para imprimir solo los números que sean mayores que 25.
3. **Ejercicio 3:** Escribe una función de Python llamada saludar(nombre) que reciba un nombre como argumento y devuelva el string f"Hola, {nombre}, bienvenido al mundo de la IA.". Luego, llama a la función con tu propio nombre e imprime el resultado.

Parte 2

Los Pilares Matemáticos de la IA

- Capítulo 4: Álgebra Lineal 1- Estructurando los Datos: Vectores, matrices y tensores como el lenguaje de la IA.
- Capítulo 5: Álgebra Lineal 2- Transformaciones y Operaciones: El poder de la multiplicación de matrices y el producto punto.
- Capítulo 6: Álgebra Lineal 3 - Descubriendo Patrones Ocultos: La intuición detrás de los autovectores, PCA y SVD.
- Capítulo 7: Estadística 1 - Describiendo la Realidad: Media, mediana, desviación estándar y visualización de distribuciones.
- Capítulo 8: Estadística 2 - Navegando la Incertidumbre: Probabilidad, probabilidad condicional y el Teorema de Bayes.
- Capítulo 9: Estadística - Tomando Decisiones Basadas en Datos: Pruebas de hipótesis y el poder del Test A/B.

Capítulo 4: Álgebra Lineal - Estructurando los Datos

Objetivos del Capítulo

Al finalizar este capítulo, serás capaz de:

- **Comprender** por qué el álgebra lineal es el lenguaje fundamental para representar datos en IA.
- **Diferenciar** entre escalares, vectores, matrices y tensores.
- **Traducir** datos del mundo real (como las características de una casa o los píxeles de una imagen) a estas estructuras algebraicas.
- **Reconocer** a NumPy como la librería de Python para trabajar con estos objetos.

Introducción al Capítulo

Para que una inteligencia artificial pueda "aprender" de los datos, primero debe ser capaz de "leerlos". Y las máquinas no leen texto, imágenes o tablas de clientes de la forma en que lo hacemos nosotros. Su mundo está compuesto enteramente por números. El Álgebra Lineal nos proporciona la gramática y el vocabulario para organizar esos números en estructuras coherentes y significativas.

En este capítulo, aprenderás los "sustantivos" de este nuevo idioma. Descubrirás que un cliente puede ser un **vector**, una colección de clientes una **matriz**, y una fotografía a color un **tensor**. Dominar estas estructuras es el primer paso indispensable para entender cómo los algoritmos de IA procesan, transforman y, en última instancia, aprenden del mundo.

1. ¿Por Qué Álgebra Lineal?

La IA, y en particular el Machine Learning, es fundamentalmente el arte de encontrar patrones en los datos. Para encontrar patrones numéricos, los datos deben estar representados numéricamente. El Álgebra Lineal es la rama de las matemáticas que se ocupa del estudio de los **vectores** y las **matrices**, que son las formas perfectas de organizar grandes cantidades de datos numéricos para el cómputo.

2. Los "Sustantivos" del Álgebra Lineal

- **Escalar:** Un solo número. Ejemplo: la edad de una persona (63).
- **Vector:** Una lista o array de números en una dimensión. Es la forma en que representamos un **único punto de datos** con múltiples características.
- **Matriz:** Una tabla o parrilla de números en dos dimensiones (filas y columnas). Es la forma en

que representamos un **conjunto de datos completo**, donde cada fila es un vector.

- **Tensor:** La generalización de los anteriores a cualquier número de dimensiones. Un escalar es un tensor de rango 0, un vector de rango 1, una matriz de rango 2, y así sucesivamente.

3. De los Datos a los Vectores: El Caso de una Vivienda

Imagina que queremos representar una casa para un modelo que predecirá su precio. Elegimos tres características:

1. Área en metros cuadrados.
2. Número de habitaciones.
3. Antigüedad en años.

Una casa específica con 150 m^2, 3 habitaciones y 5 años de antigüedad se convierte en el siguiente vector:

[150, 3, 5]

¡Hemos traducido un objeto del mundo real al lenguaje de la IA! Si tuviéramos los datos de 100 casas, los organizaríamos en una matriz de dimensiones 100 x 3.

4. De Imágenes a Matrices y Tensores

La representación de imágenes es uno de los ejemplos más intuitivos del poder del álgebra lineal.

- **Imagen en Escala de Grises:** Es una **matriz** de dos dimensiones (altura x ancho). Cada elemento de la matriz es un número (normalmente entre 0 y 255) que representa la intensidad de un solo píxel (0=negro, 255=blanco).
- **Imagen a Color (RGB):** Una imagen a color se compone de tres canales de color: Rojo, Verde y Azul. Por lo tanto, se representa como un **tensor** de 3 dimensiones: altura x ancho x 3. Puedes imaginarlo como tres matrices apiladas una encima de la otra, una por cada canal de color.

5. La Herramienta Práctica: NumPy

En Python, la librería que usamos para trabajar con todas estas estructuras es **NumPy**. Nos permite crear y manipular vectores (arrays 1D), matrices (arrays 2D) y tensores (arrays n-D) de una forma extremadamente eficiente.

Python

```
import numpy as np
```

Creando un vector que representa nuestra casa

```
vector_casa = np.array([150, 3, 5])

print("Vector:", vector_casa)
```

Creando una matriz 2x2 simple

```
matriz_imagen = np.array([[0, 255],

[128, 0]])

print("\nMatriz:\n", matriz_imagen)Resumen del
```

Salida en consola es:

```
Vector: [150   3   5]

Matriz:

 [[  0 255]

 [128   0]]
```

En seguida muestro los resultados en imagen:

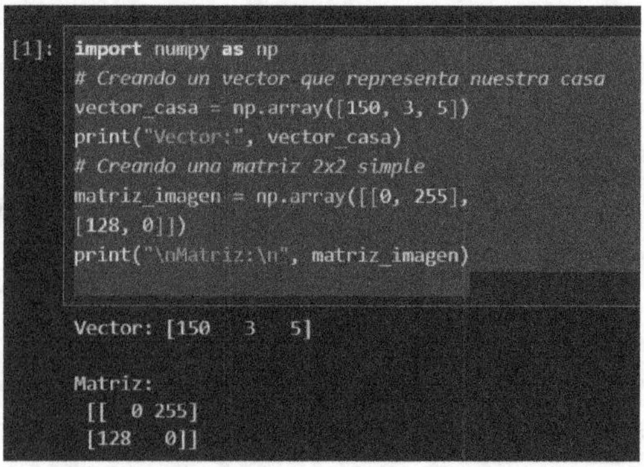

Resumen del Capítulo

En este capítulo, hemos establecido la base del lenguaje de la IA. Entendimos que el Álgebra Lineal nos proporciona las estructuras para representar datos como números. Definimos los cuatro objetos fundamentales: **escalares**, **vectores** (para puntos de datos individuales), **matrices** (para conjuntos de datos) y **tensores** (para datos multidimensionales como imágenes a color). Vimos ejemplos prácticos de cómo traducir objetos del mundo real a estas estructuras y presentamos **NumPy** como nuestra herramienta de código para trabajar con ellas.

Preguntas de Repaso con Respuesta

1. **Pregunta:** ¿Qué estructura del álgebra lineal se utiliza normalmente para representar un único punto de datos con múltiples características (como un solo cliente)?
    - **Respuesta:** Un **vector**.
2. **Pregunta:** ¿Qué representa una matriz en un contexto de Machine Learning?
    - **Respuesta:** Generalmente representa un conjunto de datos completo, donde cada fila es un vector que corresponde a una observación o punto de datos.
3. **Pregunta:** ¿Por qué una imagen a color se representa como un tensor y no como una matriz?
    - **Respuesta:** Porque tiene tres dimensiones: altura, ancho y los canales de color (Rojo, Verde y Azul). Una matriz solo tiene dos dimensiones.
4. **Pregunta:** ¿Cuál es la librería de Python fundamental para la computación numérica y el trabajo con vectores y matrices?
    - **Respuesta: NumPy**.

5. **Pregunta:** Tienes los datos de 500 pacientes, y para cada uno mides 10 variables clínicas. ¿Cómo representarías este conjunto de datos completo usando álgebra lineal?
   - **Respuesta:** Como una **matriz** de dimensiones 500x10.

Ejercicios Prácticos

1. **Ejercicio 1:** Escribe el vector que te representaría a ti mismo para un modelo de IA que predice la salud, usando las características: [altura_cm, peso_kg, horas_de_sueño_promedio].
2. **Ejercicio 2:** Un mini-video es una secuencia de imágenes. Si tienes un video corto de 10 segundos, a 30 fotogramas (imágenes) por segundo, y cada imagen es a color (RGB) y de 640x480 píxeles, ¿cuántas dimensiones tendría el tensor que representa este video completo? ¿Cuáles serían esas dimensiones?
3. **Ejercicio 3:** Usando NumPy, escribe el código para crear una matriz de 3x3 que represente un tablero de "tres en raya", usando 1 para "X", -1 para "O" y 0 para las casillas vacías.

Capítulo 5: Álgebra Lineal - Operaciones y Transformaciones

Objetivos del Capítulo

Al finalizar este capítulo, serás capaz de:

- **Realizar** operaciones básicas con vectores y matrices.
- **Entender** el significado y la importancia del **producto punto** para medir la similitud.
- **Comprender** la **multiplicación de matrices** como una transformación de datos.
- **Identificar** cómo estas operaciones son el motor de los algoritmos de IA y Deep Learning.

Introducción al Capítulo

Si en el capítulo anterior aprendimos a estructurar los datos, en este aprenderemos a darles vida. Las operaciones del álgebra lineal no son meros cálculos matemáticos; son acciones con un propósito. Sumar un número a una matriz puede iluminar una imagen. El producto punto puede decirnos cuán parecidos son los gustos de dos personas. Y la multiplicación de matrices, la operación más importante de todas, es el mecanismo que permite a una red neuronal "pensar".

Este capítulo es sobre la acción. Dominarás las operaciones fundamentales que son el corazón mecánico de casi todos los algoritmos de Machine Learning.

1. Operaciones Elementales

Las operaciones más sencillas se realizan elemento a elemento.

- **Suma, Resta y Multiplicación por Escalar:** Puedes sumar o restar dos matrices (siempre que tengan las mismas dimensiones) o multiplicar una matriz entera por un solo número (un escalar).
- **Aplicación en IA:** Una aplicación simple es el procesamiento de imágenes. Si una imagen es una matriz de píxeles, multiplicar toda la matriz por 1.5 aumenta su contraste. Sumarle 20 a cada elemento aumenta su brillo.

2. El Producto Punto: El Corazón de la Similitud

El producto punto (o producto escalar) es una operación que toma dos vectores de la misma longitud y devuelve un único número (un escalar).

- El Cálculo: Se calcula multiplicando los elementos correspondientes de ambos vectores y sumando todos los resultados.

Para $v=[v1,v2]$ y $w=[w1,w2]$, el producto punto es $v \cdot w=(v1 \times w1)+(v2 \times w2)$.

- **La Intuición (¡Esto es lo importante!):** El producto punto mide la **similitud** o el grado de "alineación" entre dos vectores.

- Un **producto punto grande y positivo** significa que los vectores apuntan en direcciones muy similares.
- Un **producto punto cercano a cero** significa que son ortogonales (perpendiculares), lo que en IA se interpreta como que no tienen relación.
- Un **producto punto grande y negativo** significa que apuntan en direcciones opuestas.

- Aplicación en IA (Sistemas de Recomendación):

Imagina que las preferencias de Yessy y Luis por 3 películas (puntuadas de 1 a 5) son vectores:

- Yessy = [5, 1, 4] (Le encanta la acción, odia el romance, le gusta la comedia)
- Luis = [4, 2, 5] (También le gusta la acción, no le disgusta el romance, le encanta la comedia)

Calculamos el producto punto: $(5\times4)+(1\times2)+(4\times5)=20+2+20=42$.

El resultado es un número alto y positivo, lo que le dice al algoritmo que Yessy y Luis tienen gustos muy similares y que puede recomendarle a uno las películas que le gustaron al otro.

3. Multiplicación de Matrices: El Motor de la Transformación

Esta es, sin duda, la operación más crucial para el Deep Learning. No es una operación elemento a elemento. Para obtener el elemento en la fila i y columna j de la matriz resultante, se calcula el producto punto de la fila i de la primera matriz con la columna j de la segunda.

- **La Intuición (¡Esto es lo importante!):** La multiplicación de matrices no es solo un cálculo, es una **transformación geométrica**. Multiplicar un vector de datos por una matriz transforma esos datos: los rota, los estira, los encoge o los sesga.
- Aplicación en IA (Redes Neuronales):

Una capa de una red neuronal es, en esencia, una multiplicación de matrices.

1. Tus **datos de entrada** son un vector.
2. Los **"conocimientos"** de la capa de la red están almacenados en una **matriz de pesos**.
3. El "pensamiento" de la capa consiste en **multiplicar el vector de entrada por la matriz de pesos**.

Este acto transforma los datos de entrada en una nueva representación, más abstracta y útil, que se pasa a la siguiente capa. El Deep Learning es una secuencia de estas transformaciones.

Resumen del Capítulo

En este capítulo, hemos puesto nuestros datos en movimiento. Vimos las operaciones elementales y luego nos centramos en las dos más importantes para la IA. Aprendimos que el **producto punto** es la herramienta matemática fundamental para medir la **similitud**, clave en sistemas de recomendación y búsqueda. Y, lo que es más importante, hemos desmitificado la **multiplicación de matrices**, entendiéndola no como un cálculo arcano, sino como el motor de **transformación** que permite a las redes neuronales aprender representaciones complejas del mundo.

Preguntas de Repaso con Respuesta

1. **Pregunta:** ¿Qué nos dice conceptualmente un producto punto alto y positivo entre dos vectores?
    - **Respuesta:** Nos dice que los vectores son muy similares y apuntan en direcciones parecidas.
2. **Pregunta:** ¿Cuál es la interpretación geométrica o conceptual de la multiplicación de matrices?
    - **Respuesta:** Es una **transformación lineal** del espacio. Rota, escala, sesga o una combinación de estas, cambiando la representación de los datos.
3. **Pregunta:** En una red neuronal, ¿qué representan la matriz de pesos y el vector de

entrada en la operación fundamental de una capa?

- **Respuesta:** La **matriz de pesos** representa el conocimiento o los patrones aprendidos por la capa. El **vector de entrada** representa los datos de una única observación que se están procesando.

4. **Pregunta:** Si estás construyendo un sistema de recomendación de música, ¿qué operación matemática usarías para comparar las preferencias musicales de dos usuarios representados como vectores?

   - **Respuesta:** El **producto punto**.

5. **Pregunta:** ¿La multiplicación de matrices A * B es igual a B * A?

   - **Respuesta:** No. La multiplicación de matrices no es conmutativa. El orden de las operaciones importa y, a menudo, B * A ni siquiera es una operación válida.

Ejercicios Prácticos

1. **Ejercicio 1:** Dadas las preferencias de dos usuarios para 4 series: Usuario1 = [1, 5, 4, 2] y Usuario2 = [2, 4, 4, 1]. Calcula el producto punto a mano para determinar su similitud.
2. **Ejercicio 2:** Una matriz de rotación de 90 grados en 2D es [[0, -1], [1, 0]]. Si tienes un punto de dato representado por el vector [3, 0]

(un punto en el eje x), calcula a mano el resultado de multiplicar la matriz de rotación por este vector. ¿Dónde termina el punto?

3. **Ejercicio 3:** Explica con una analogía por qué la multiplicación de matrices no es conmutativa. (Pista: Piensa en una secuencia de acciones, como "ponerse los calcetines y luego los zapatos").

Capítulo 6: Álgebra Lineal - Descubriendo Patrones Ocultos

Objetivos del Capítulo

Al finalizar este capítulo, serás capaz de:

- **Comprender** la intuición detrás de los autovectores y autovalores.
- **Entender** el propósito de la técnica de reducción de dimensionalidad **Análisis de Componentes Principales (PCA)**.
- **Relacionar** los conceptos de autovectores con las direcciones de máxima varianza en los datos.
- **Apreciar** cómo PCA nos permite visualizar datos de alta dimensionalidad.

Introducción al Capítulo

Imagina que tienes una escultura compleja. Puedes describirla por la posición de cada uno de sus miles de puntos, pero eso no te dice mucho sobre su forma esencial. Una mejor manera sería describir sus ejes principales: su longitud, su anchura y su altura. Estas son las "direcciones" que definen la estructura de la escultura.

En este capítulo, aprenderemos a hacer exactamente eso con nuestros datos. Descubriremos que las matrices de datos tienen "direcciones preferidas", representadas por **autovectores** y **autovalores**. Luego, aplicaremos este concepto a una de las técnicas más poderosas del Machine Learning: el **Análisis de Componentes**

Principales (PCA), un método que nos permite tomar datos con cientos de características y "comprimirlos" en solo dos o tres, revelando los patrones que antes eran invisibles. Es como tomar una radiografía de nuestros datos para ver su esqueleto.

1. La Intuición: Las Direcciones Especiales de una Matriz

Como vimos, una matriz transforma el espacio. Cuando una matriz transforma un vector, normalmente cambia tanto su longitud como su dirección. Sin embargo, para la mayoría de las matrices, existen unos vectores "especiales". Cuando la matriz transforma a uno de estos vectores, su dirección no cambia; solo se estira o se encoge.

- **Autovector:** Es un vector cuya dirección es invariante bajo la transformación de la matriz. Es un "eje" fundamental de la transformación.
- **Autovalor:** Es el número (escalar) que nos dice cuánto se estiró o encogió el autovector. Un autovalor grande significa que esa dirección es muy importante para la transformación.

Analogía: Piensa en el planeta Tierra girando. El eje de rotación que va del Polo Norte al Polo Sur es un **autovector**. Un punto sobre ese eje, al girar la Tierra, no cambia su "dirección" (sigue en el eje), solo su posición a lo largo de él (en este caso, no se estira, por lo que su autovalor sería 1).

2. La Aplicación Maestra: Análisis de Componentes Principales (PCA)

PCA es una técnica de **reducción de dimensionalidad**. Se utiliza cuando tenemos datos con demasiadas características (dimensiones), lo que se conoce como la "maldición de la dimensionalidad".

- **El Problema:** Es imposible visualizar un conjunto de datos con 20 características. Además, muchas de esas características pueden ser redundantes o ruidosas, dificultando el aprendizaje de un modelo.
- **El Objetivo de PCA:** Encontrar un nuevo conjunto de ejes (dimensiones) que resuma la información de la manera más eficiente posible. PCA encuentra las direcciones en los datos donde hay la **mayor varianza** (la mayor dispersión).

La Conexión Mágica: Esas direcciones de máxima varianza en nuestros datos resultan ser, precisamente, los **autovectores** de la matriz de covarianza de los datos. Y los **autovalores** nos dicen cuánta información (varianza) captura cada uno de esos autovectores.

3. PCA en la Práctica (Conceptual)

Imagina que tenemos datos de vinos con 10 características (acidez, azúcar, alcohol, etc.) y queremos visualizar si se agrupan por tipo.

1. **Paso 1:** Tomamos nuestros datos de 10 dimensiones.
2. **Paso 2:** Calculamos los autovectores y autovalores de los datos.
3. **Paso 3:** Ordenamos los autovectores según su autovalor, de mayor a menor. El autovector con el autovalor más grande es la dirección que captura la mayor cantidad de varianza en los datos. Lo llamamos **Componente Principal 1 (PC1)**. El segundo es el **PC2**, y así sucesivamente.
4. **Paso 4:** Decidimos quedarnos solo con los dos primeros componentes principales (PC1 y PC2), ya que son los que contienen la mayor parte de la información.
5. **Paso 5:** Proyectamos nuestros datos originales de 10 dimensiones sobre este nuevo espacio de 2 dimensiones (el plano definido por PC1 y PC2).
6. **Resultado:** Ahora tenemos una versión 2D de nuestros datos que podemos graficar fácilmente en un diagrama de dispersión. Al colorear los puntos por tipo de vino, probablemente

veremos clusters claros que antes eran imposibles de percibir.

Resumen del Capítulo

En este capítulo, hemos desvelado uno de los conceptos más profundos del álgebra lineal y su aplicación más potente en IA. Aprendimos que los **autovectores** y **autovalores** representan las direcciones y magnitudes fundamentales de una transformación. Vimos cómo este concepto es la base del **Análisis de Componentes Principales (PCA)**, una técnica indispensable para la **reducción de dimensionalidad**. PCA nos permite combatir la "maldición de la dimensionalidad" al encontrar los "ejes de máxima información" (los componentes principales) en nuestros datos, permitiéndonos visualizar y modelar conjuntos de datos complejos de una manera mucho más eficiente.

Preguntas de Repaso con Respuesta

1. **Pregunta:** ¿Qué es un autovector de una matriz?
    - **Respuesta:** Es un vector que, al ser multiplicado por la matriz, no cambia su dirección, solo su magnitud (longitud).
2. **Pregunta:** ¿Cuál es el objetivo principal del Análisis de Componentes Principales (PCA)?
    - **Respuesta:** Reducir el número de dimensiones (características) de un conjunto de datos, conservando la

mayor cantidad de información (varianza) posible.

3. **Pregunta:** En PCA, ¿qué nos indica un autovalor grande?
   - **Respuesta:** Indica que su autovector correspondiente (el Componente Principal) es una dirección que captura una gran cantidad de la varianza o información de los datos.
4. **Pregunta:** ¿Por qué es útil la reducción de dimensionalidad? Menciona dos razones.
   - **Respuesta:** 1) Permite la **visualización** de datos de alta dimensionalidad. 2) Puede **mejorar el rendimiento** de los modelos de Machine Learning al eliminar el ruido y la redundancia.
5. **Pregunta:** ¿Qué son los "Componentes Principales"?
   - **Respuesta:** Son los autovectores de la matriz de covarianza de los datos, ordenados por la cantidad de varianza que capturan (según su autovalor). Son los nuevos ejes sobre los que se proyectan los datos.

Ejercicios Prácticos

1. **Ejercicio 1:** Piensa en un conjunto de datos de clientes de un banco con 50 características (edad, saldo, número de transacciones, etc.).

¿Por qué sería útil aplicar PCA antes de intentar un algoritmo de clustering para segmentar a los clientes?

2. **Ejercicio 2:** Después de aplicar PCA a un conjunto de datos, descubres que el primer componente principal (PC1) tiene una alta correlación con las características "ingresos", "nivel educativo" y "gasto". ¿Qué nombre conceptual o etiqueta le darías a este nuevo eje "PC1"?

3. **Ejercicio 3:** Imagina una nube de puntos en 2D que forma una elipse muy estrecha y alargada, inclinada a 45 grados. ¿En qué dirección apuntaría el primer componente principal (PC1)? ¿Y el segundo (PC2)?

Capítulo 7: Estadística - Describiendo la Realidad

Objetivos del Capítulo

Al finalizar este capítulo, serás capaz de:

- **Comprender** el rol de la estadística descriptiva en el análisis de datos.
- **Calcular e interpretar** las medidas de tendencia central: media, mediana y moda.
- **Calcular e interpretar** las medidas de dispersión, especialmente la desviación estándar.
- **Utilizar** histogramas para visualizar la distribución de una variable.

Introducción al Capítulo

Si el álgebra lineal nos dio las herramientas para estructurar los datos en un formato que las máquinas entienden, la estadística nos da las herramientas para que nosotros, los humanos, los entendamos. Antes de poder construir un modelo predictivo, debemos entender la naturaleza de los datos con los que trabajamos. ¿Cuál es el valor "típico"? ¿Qué tan variados son los datos? ¿Existen valores extraños o anómalos?

Este capítulo se centra en la **estadística descriptiva**: el arte de tomar una masa de datos en bruto y resumirla en unas pocas cifras y gráficos reveladores. Es como tomar una fotografía de alta calidad de tus datos. Aprenderás a encontrar su "centro de gravedad" y a medir su "dispersión", dos de las características más fundamentales para cualquier análisis.

1. ¿Por Qué Estadística? El Lenguaje de la Incertidumbre y la Narrativa

La estadística es el lenguaje que usamos para describir conjuntos de datos y para cuantificar la confianza en nuestras conclusiones. La **estadística descriptiva**, nuestro enfoque en este capítulo, nos permite resumir los datos que tenemos para contar una historia concisa sobre ellos.

2. Medidas de Tendencia Central: ¿Dónde está el Centro?

Estas medidas nos dan un solo valor que representa el "centro" o el valor "típico" de un conjunto de datos.

- **Media (Mean):** Es el promedio aritmético: la suma de todos los valores dividida por el número de valores.
    - **Fortaleza:** Utiliza toda la información de los datos.
    - **Debilidad:** Es muy sensible a los **valores atípicos (outliers)**.
- **Mediana (Median):** Es el valor que se encuentra justo en el medio cuando los datos se ordenan de menor a mayor.

- Fortaleza y debilidad:
    - **Fortaleza:** Es muy **robusta** a los valores atípicos.
    - **Debilidad:** No utiliza toda la información de los datos.
- **Moda (Mode):** Es el valor que aparece con más frecuencia en el conjunto de datos.
- **Ejemplo Práctico: ¿Media o Mediana?** Imagina que analizamos los salarios anuales en un pequeño equipo (en miles de $): [50, 52, 55, 58, 250].
    - **Media:** . Un salario promedio de $93k no representa bien al equipo, ya que está muy inflado por el salario del director (250k).
    - **Mediana:** Ordenamos los datos: [50, 52, 55, 58, 250]. El valor del medio es **55**. Un salario mediano de $55k es una representación mucho más honesta y "típica" del equipo.

3. Medidas de Dispersión: ¿Cuán Esparcidos Están los Datos?

Saber el centro no es suficiente. Dos conjuntos de datos pueden tener la misma media, pero ser completamente diferentes. Necesitamos medir su variabilidad.

- **Varianza ():** Mide el promedio de las distancias al cuadrado de cada punto a la media. Es matemáticamente útil, pero sus unidades al cuadrado son difíciles de interpretar.

- **Desviación Estándar ():** Es la raíz cuadrada de la varianza. Es la medida de dispersión más importante.
  - **Interpretación:** Nos dice, en promedio, **qué tan lejos está cada punto de la media**.
  - Una **desviación estándar baja** significa que los datos están muy agrupados alrededor de la media (son consistentes).
  - Una **desviación estándar alta** significa que los datos están muy dispersos (son inconsistentes).

4. Visualizando la Distribución: El Histograma

La mejor manera de entender la forma de una variable numérica es con un **histograma**. Este gráfico agrupa los números en "contenedores" (bins) de igual tamaño y cuenta cuántos puntos de datos caen en cada contenedor.

Un histograma nos revela la forma de la distribución de un solo vistazo:

- Si es simétrica (como la famosa **distribución normal** o campana de Gauss).

- Si está sesgada hacia la derecha o hacia la izquierda.
- Si tiene múltiples picos (bimodal).

Resumen del Capítulo

En este capítulo, hemos aprendido a tomar nuestra primera "fotografía" de cualquier conjunto de datos. Entendimos el rol de la **estadística descriptiva** para resumir la información. Dominamos las **medidas de tendencia central**, aprendiendo a elegir entre la **media** (sensible a outliers) y la **mediana** (robusta). Aprendimos a cuantificar la variabilidad con la **desviación estándar**. Finalmente, vimos cómo el **histograma** nos permite visualizar la forma y distribución de nuestros datos, una tarea fundamental en el Análisis Exploratorio de Datos.

Preguntas de Repaso con Respuesta

1. **Pregunta:** ¿En qué situación es preferible usar la mediana en lugar de la media para describir el centro de un conjunto de datos?
    - **Respuesta:** Cuando el conjunto de datos contiene valores atípicos (outliers) que podrían sesgar la media. La mediana ofrece una medida más robusta del valor "típico".
2. **Pregunta:** ¿Qué nos dice una desviación estándar muy alta?
    - **Respuesta:** Nos dice que los datos están muy dispersos y son muy variables.

Los puntos de datos individuales tienden a estar lejos de la media.

3. **Pregunta:** ¿Cuál es el propósito de un histograma?

   - **Respuesta:** Visualizar la distribución de frecuencia de una única variable numérica, permitiéndonos ver su forma, centro y dispersión.

4. **Pregunta:** Tienes los siguientes datos: [5, 6, 7, 7, 10]. ¿Cuál es la media, la mediana y la moda?

   - **Respuesta:** La **media** es . La **mediana** es el valor del medio, que es 7. La **moda** es el valor más frecuente, que también es 7.

5. **Pregunta:** Dos clases de estudiantes tienen la misma nota media en un examen (75). La Clase A tiene una desviación estándar de 5 puntos y la Clase B tiene una de 15 puntos. ¿Qué clase tiene un rendimiento más homogéneo?

   - **Respuesta:** La **Clase A**, porque su desviación estándar es mucho menor, lo que indica que las notas de los estudiantes están más agrupadas alrededor de la media.

Ejercicios Prácticos

1. **Ejercicio 1:** Recolecta las edades de 5 miembros de tu familia o amigos. Calcula a

mano la media, la mediana y la desviación estándar de sus edades.

2. **Ejercicio 2:** Explica por qué la desviación estándar de los salarios en una gran empresa de tecnología (con empleados desde becarios hasta el CEO) sería probablemente muy alta.

3. **Ejercicio 3:** Dibuja a mano un boceto de cómo se vería el histograma de los resultados de lanzar un dado de seis caras 1000 veces. ¿Esperarías que fuera una campana de Gauss o algo diferente? (Pista: cada número tiene la misma probabilidad de salir).

Capítulo 8: Estadística - Navegando la Incertidumbre

Objetivos del Capítulo

Al finalizar este capítulo, serás capaz de:

- **Comprender** los fundamentos de la probabilidad y la probabilidad condicional.
- **Entender** la intuición y la aplicación del **Teorema de Bayes**, un pilar de la IA.
- **Reconocer** cómo estos conceptos permiten a los modelos "aprender" de la evidencia.

Introducción al Capítulo

La estadística descriptiva nos da una foto clara de los datos que hemos visto. Pero el verdadero poder de la IA reside en su capacidad para hacer predicciones sobre datos que *no* hemos visto. ¿Cuál es la probabilidad de que un cliente compre un producto? ¿Qué tan probable es que un correo sea spam? Para responder a estas preguntas, necesitamos el lenguaje matemático del azar: la **probabilidad**.

En este capítulo, exploraremos cómo la probabilidad nos permite construir modelos que razonan en un mundo de incertidumbres, no de certezas. Descubrirás la **probabilidad condicional**, la idea de que las probabilidades cambian a medida que obtenemos más información. Y desvelaremos el famoso **Teorema de Bayes**, una fórmula elegante que es la base de muchos sistemas de aprendizaje inteligente que actualizan sus "creencias" al observar nueva evidencia.

1. Fundamentos de la Probabilidad

La probabilidad es un número entre 0 y 1 que mide la posibilidad de que ocurra un evento.

- **0** significa que es imposible.
- **1** significa que es seguro.
- **0.5** significa que es igualmente probable que ocurra o no.

Para un evento simple, la fórmula es:

La probabilidad de sacar un "5" en un dado de seis caras es 1/6.

2. Probabilidad Condicional: El Contexto lo es Todo

La **probabilidad condicional** es la probabilidad de que ocurra un evento A, **dado que** ya sabemos que ha ocurrido otro evento B. Se escribe como $P(A|B)$ y se lee "la probabilidad de A dado B".

La probabilidad de A dado B se conoce como **probabilidad condicional** y se escribe con la siguiente notación:

$$P(A|B)$$

La fórmula para calcular esta probabilidad es:

$$P(A|B) = \frac{P(A \cap B)}{P(B)}$$

Este es el concepto central del aprendizaje a partir de datos.

Qué significa cada término

- **P(A | B)**: Es la probabilidad de que ocurra el evento **A**, *sabiendo que* el evento **B** ya ha ocurrido.
- **P(A∩B)**: Es la probabilidad de que ocurran **ambos** eventos, A y B, al mismo tiempo (se le llama probabilidad conjunta o intersección).
- **P(B)**: Es la probabilidad de que ocurra el evento B.

Esta fórmula solo se puede usar si la probabilidad de B es mayor que cero ($P(B) > 0$), ya que no se puede dividir por cero.

- **Intuición:** La probabilidad de que llueva hoy en La Lima puede ser del 10%. Pero, la probabilidad de que llueva *sabiendo que el cielo está lleno de nubes oscuras* es mucho mayor. El conocimiento del contexto (evento B) cambia la probabilidad del evento A.
- Ejemplo Práctico: Clics y Compras

Una tienda online analiza a 1000 visitantes:

	Compró	No Compró	Total
Hizo Clic en Anuncio	80	120	200
No Hizo Clic	20	780	800
Total	100	900	1000

1. Probabilidad Simple: ¿Cuál es la probabilidad de que un visitante compre?

P(Comprar)=100/1000=0.1 (10%).

2. Probabilidad Condicional: ¿Cuál es la probabilidad de que un visitante compre, dado que hizo clic en el anuncio?

Ahora nuestro universo son solo los 200 que hicieron clic.

P(Comprar|Clic)=80/200=0.4 (40%).

El modelo ha "aprendido" que el clic es una evidencia importante que aumenta la probabilidad de compra.

3. El Teorema de Bayes: Actualizando Creencias con Evidencia

El Teorema de Bayes es una de las fórmulas más importantes de la estadística y la IA. Es la receta matemática para actualizar nuestra creencia sobre una hipótesis a la luz de nueva evidencia. Es la base de algoritmos como el clasificador de spam Naive Bayes.

La fórmula es:

P(A|B) = \frac{P(B|A) \times P(A)}{P(B)}

La misma fórmula se muestra en la imagen siguiente.

$$P(A|B) = \frac{P(B|A) \times P(A)}{P(B)}$$

Donde los componentes son:

P(A/B) ***(Probabilidad Posterior):*** *Lo que creemos de A después de ver la evidencia B*

P(A) ***(Probabilidad Prior):*** *Lo que creíamos de A antes de la evidencia.*

P(B/A) ***(Verosimilitud o Likelihood):*** *La probabilidad de ver la evidencia B si A es cierto.*

*P(B)**(Evidencia):** La probabilidad total de la evidencia.*

A continuación una imagen de lo anterior.

- $P(A|B)$ **(Probabilidad Posterior):** Lo que creemos de A después de ver la evidencia B.
- $P(A)$ **(Probabilidad Prior):** Lo que creíamos de A antes de la evidencia.
- $P(B|A)$ **(Verosimilitud o Likelihood):** La probabilidad de ver la evidencia B si A es cierto.
- $P(B)$ **(Evidencia):** La probabilidad total de la evidencia.

Ejemplo Práctico: Filtro de Spam

Queremos saber la probabilidad de que un email sea **spam** si contiene la palabra **"oferta"**.

Definimos nuestras hipótesis y evidencia:

- Hipótesis A: El email es $Spam$.
- Evidencia B: El email contiene $"\text{oferta}"$.

La fórmula que usaremos es: $P(Spam|"\text{oferta}")$

Ahora, asignamos los valores de tu ejemplo:

- $P(Spam)$: La probabilidad de que cualquier email sea spam (el prior).

  Supongamos que es del 20% $\rightarrow P(Spam) = 0.20$

- $P("\text{oferta}"|Spam)$: La probabilidad de que un email de spam contenga la palabra "oferta" (el likelihood).

  Supongamos que es del 50% $\rightarrow P("\text{oferta}"|Spam) = 0.50$

- $P("\text{oferta}")$: La probabilidad total de que un email contenga "oferta" (la evidencia).

  Supongamos que es del 15% $\rightarrow P("\text{oferta}") = 0.15$

Aplicando la formula:

$$P(Spam|\text{"oferta"}) = \frac{P(\text{"oferta"}|Spam) \times P(Spam)}{P(\text{"oferta"})}$$

$$P(Spam|\text{"oferta"}) = \frac{0.50 \times 0.20}{0.15}$$

$$P(Spam|\text{"oferta"}) = \frac{0.10}{0.15} \approx 0.667$$

Resultado: Hay un 66.7 % de probabilidad de que el email sea spam si contiene la palabra "oferta".

4. El Teorema de Bayes: Actualizando Creencias con Evidencia

El Teorema de Bayes es una de las fórmulas más importantes de la estadística y la IA. Es la receta matemática para actualizar nuestra creencia sobre una hipótesis a la luz de nueva evidencia. Es la base de algoritmos como el clasificador de spam Naive Bayes.

La fórmula es:

$P(A|B) = \frac{P(B|A) \times P(A)}{P(B)}$

Donde los componentes son:

- P(A|B) **(Probabilidad Posterior):** Lo que creemos de A después de ver la evidencia B.

- P(A **(Probabilidad Prior):** Lo que creíamos de A antes de la evidencia.
- P(B|A) **(Verosimilitud o Likelihood):** La probabilidad de ver la evidencia B si A es cierto.

P(B) **(Evidencia):** La probabilidad total de la evidencia.

Resumen del Capítulo

En este capítulo, nos hemos adentrado en el mundo de la probabilidad. Hemos aprendido a cuantificar la incertidumbre y a calcular la **probabilidad condicional**, que nos permite ajustar nuestras predicciones basándonos en el contexto. Descubrimos el **Teorema de Bayes**, una fórmula poderosa que permite a nuestros modelos "aprender" y actualizar sus creencias a partir de la evidencia, una idea central en la IA.

Preguntas de Repaso con Respuesta

1. **Pregunta:** ¿Qué es la probabilidad condicional?

$$P(A|B)$$

Respuesta: Es la probabilidad de que ocurra el evento A, *sabiendo* o *dado que* el evento B ya ha ocurrido.

Y se calcula de la siguiente manera:

$$P(A|B) = \frac{P(A \cap B)}{P(B)}$$

Donde:

- $P(A|B)$ es la "probabilidad de A dado B".
- $P(A \cap B)$ es la probabilidad de que A y B ocurran juntos.
- $P(B)$ es la probabilidad de que B ocurra.

2. **Pregunta:** ¿Cuál es el propósito principal del Teorema de Bayes?
   - **Respuesta:** Su propósito es actualizar una creencia previa (probabilidad priori) a una nueva creencia (probabilidad posterior) después de observar nueva evidencia. Es la base matemática para aprender de los datos.
3. **Pregunta:** En la fórmula de Bayes, ¿qué representa el "prior", P(A)?

Respuesta: Representa nuestra creencia inicial sobre la probabilidad del evento A *antes* de considerar cualquier nueva evidencia.

4. **Pregunta:** ¿Qué significa que dos eventos son independientes?

Respuesta: Significa que el resultado de un evento no afecta en absoluto la probabilidad del otro. En este caso,

$P(A \cap B) = P(A) \times P(B)$

Esto significa que la probabilidad de que **ambos** eventos (A **y** B) ocurran juntos es simplemente el producto de sus probabilidades individuales.

Alternativa es cuando evento B ya ocurrió no afecta

P(A | B) = P(A)

Esto se lee como "la probabilidad de A, *dado que* B ocurrió, es simplemente la probabilidad de A", porque B no le afecta en nada.

5. **Pregunta:** Un algoritmo Naive Bayes es un clasificador de texto. ¿Qué teorema estadístico es su motor principal?
    - **Respuesta:** El **Teorema de Bayes**.

Ejercicios Prácticos

1. Ejercicio 1: Probabilidad Condicional.

Usando la tabla de "Clics y Compras", calcula la probabilidad de que una persona haya hecho clic en el anuncio, sabiendo que no compró el producto.

2. Ejercicio 2: Intuición Bayesiana.

El cielo está gris. Tu creencia prior de que lloverá es del 30 %. Sabes que la probabilidad de que el cielo esté gris si va a llover es muy alta (90 %), y la probabilidad general de que el cielo esté gris es del 40 %. Conceptualiza cómo usarías Bayes para actualizar tu creencia de que lloverá. ¿Esperarías que la probabilidad suba o baje?

3. Ejercicio 3: Aplicación en Diagnóstico.

Una enfermedad afecta al 1 % de la población. Una prueba para detectarla es 99 % precisa en los enfermos, pero da un 5 % de falsos positivos en los sanos. Si una persona da positivo en la prueba, ¿es más probable que esté sana o enferma? Piensa en cómo el Teorema de Bayes ayudaría a resolver esta paradoja.

Capítulo 9: Estadística - Tomando Decisiones Basadas en Datos

Objetivos del Capítulo

Al finalizar este capítulo, serás capaz de:

- **Comprender** el concepto de inferencia estadística.
- **Aprender** a formular una **hipótesis nula** y una **hipótesis alternativa**.
- **Entender** la intuición detrás del **p-value** para tomar decisiones.
- **Aplicar** estos conceptos en un **Test A/B**, la herramienta clave para la toma de decisiones en la industria tecnológica.

Introducción al Capítulo

Hemos aprendido a describir datos y a entender la probabilidad, pero ¿cómo usamos este conocimiento para tomar una decisión de negocio? ¿Cómo sabemos si el nuevo modelo de IA que hemos construido es *realmente* mejor que el anterior, o si su buen rendimiento en una prueba fue solo una casualidad?

Este capítulo te introduce al método científico del análisis de datos: la **prueba de hipótesis**. Es el proceso formal que nos permite pasar de una intuición ("creo que este cambio funciona") a una conclusión respaldada por evidencia estadística ("tenemos evidencia significativa para afirmar que este cambio funciona"). Dominar este proceso es fundamental para evaluar nuestros modelos de IA, optimizar productos y, en última instancia, tomar decisiones inteligentes basadas en datos, no en opiniones.

1. Inferencia: De la Muestra a la Población

La **inferencia estadística** es el proceso de usar una muestra de datos para sacar conclusiones sobre una población mucho más grande. En IA, entrenamos un modelo con un conjunto de datos de entrenamiento (una muestra) y queremos que funcione bien en todos los datos futuros posibles (la población). La inferencia nos da las herramientas para confiar en que lo que aprendimos de la muestra se generalizará.

2. El Ritual de la Prueba de Hipótesis

Una prueba de hipótesis es un procedimiento formal para validar una afirmación. Se basa en dos hipótesis opuestas:

- **Hipótesis Nula** (H_0): Es la suposición por defecto, el statu quo. Afirma que **"no hay efecto"** o "no hay diferencia". En un juicio, es el principio de "inocente hasta que se demuestre lo contrario".

- **Hipótesis Alternativa** **(H_1 o H_a):** Es lo que intentamos demostrar. Afirma que **sí hay un efecto** o una diferencia. Es la afirmación del fiscal de que el acusado es "culpable".

El objetivo no es "probar" la hipótesis alternativa, sino acumular suficiente evidencia para poder **rechazar la hipótesis nula**.

3. El P-Value: La Métrica de la Sorpresa

Una vez que tenemos nuestras hipótesis y hemos recogido los datos, calculamos una métrica llamada

p-value.

Definición Intuitiva: El **p-value** es la probabilidad de haber observado nuestros resultados (o resultados aún más extremos), **asumiendo que la hipótesis nula es cierta**.

Interpretación:

Un **p-value alto** (ej. 0.75) significa: "No es sorprendente ver estos resultados si asumimos que no hay ningún efecto real. Probablemente la diferencia que vemos es solo azar". No podemos rechazar la hipótesis nula (H_0)

Un **p-value bajo** (ej. 0.01) significa: "Sería **muy sorprendente** ver estos resultados si no hubiera ningún efecto real. Quizás nuestra suposición inicial, la H_0 es incorrecta". Podemos rechazar la hipótesis nula (H_0)

El Umbral de Significación (α)

Antes del experimento, definimos un "umbral de sorpresa", llamado alfa (α), que usualmente es 0.05. Si el p-value es menor que alfa, declaramos el resultado como estadísticamente significativo.

4. La Aplicación Clave: El Test A/B

Un Test A/B es una prueba de hipótesis en acción y es la herramienta principal que usan empresas como Netflix, Amazon y Google para tomar decisiones.

- Ejemplo Práctico: ¿Qué Botón Funciona Mejor?

Una página web quiere saber si cambiar el color de su botón "Comprar" de azul (Versión A) a verde (Versión B) aumenta las ventas.

1. **Formular Hipótesis:**

   H_0 : No hay diferencia en la tasa de conversión entre el botón verde y el azul.

   H_1 : La tasa de conversión del botón verde es mayor que la del azul.

2. **Recoger Datos:** Se muestra la Versión A a 10,000 usuarios y la Versión B a otros 10,000.

- **Resultados A (Azul):** 1,000 compras (tasa de conversión del 10 %).
- **Resultados B (Verde):** 1,080 compras (tasa de conversión del 10.8%).

3. **Calcular el P-Value:** Se introducen estos resultados en una herramienta estadística. Supongamos que nos da un **p-value = 0.02**.
4. **Tomar una Decisión:**
   - Comparamos: 0.02 < 0.05.
   - El resultado es **estadísticamente significativo**.
5. **Conclusión:** Tenemos suficiente evidencia para **rechazar la hipótesis nula**. La empresa puede concluir con confianza que el botón verde es superior y debe implementar el cambio en su sitio web para todos los usuarios.

Resumen del Capítulo

En este capítulo, hemos aprendido a actuar como verdaderos científicos de datos. Entendimos la **inferencia estadística** como el puente entre una muestra y una población. Dominamos el ritual de la **prueba de hipótesis**, aprendiendo a formular una **hipótesis nula** y una **alternativa**. Descubrimos que el **p-value** es nuestra medida de "sorpresa" estadística para rechazar la hipótesis nula. Finalmente, vimos cómo todo este proceso se aplica en el mundo real a través de los **Tests A/B**, permitiendo tomar decisiones de negocio basadas en evidencia, no en opiniones.

Preguntas de Repaso con Respuesta

1. **Pregunta:** ¿Cuál es el objetivo principal de la inferencia estadística?
   - **Respuesta:** Utilizar los datos de una muestra limitada para hacer conclusiones, generalizaciones o predicciones fiables sobre una población mucho más grande.
2. **Pregunta:** En una prueba de hipótesis, ¿qué representa la hipótesis nula (H_0)?
   - **Respuesta:** Representa la suposición por defecto, el statu quo, o la idea de que no existe ningún efecto, cambio o diferencia. Es la hipótesis que intentamos refutar.
3. **Pregunta:** Un p-value bajo (ej. $p < 0.05$) ¿apoya o va en contra de la hipótesis nula?
   - **Respuesta:** Va en contra de la hipótesis nula. Un p-value bajo indica que nuestros datos observados son muy improbables si la hipótesis nula fuera cierta, lo que nos da evidencia para rechazarla.

4. **Pregunta:** ¿Cuál es el propósito de un Test A/B?
    - **Respuesta:** Es un experimento controlado para comparar dos versiones (A y B) de algo (como una página web o un modelo de IA) y determinar cuál de las dos funciona mejor de manera estadísticamente significativa.
5. **Pregunta:** ¿Qué es el nivel de significación (α)? O sea alfa.
    - **Respuesta:** Es un umbral de probabilidad (normalmente 0.05) que establecemos *antes* de realizar la prueba. Actúa como el listón que el p-value debe pasar por debajo para que consideremos nuestros resultados estadísticamente significativos.

Ejercicios Prácticos

1. Ejercicio 1: Formulando Hipótesis.

Una compañía farmacéutica desarrolla un nuevo medicamento. Quieren probar si es más efectivo que el medicamento actual. Formula la hipótesis nula (H_0) y la hipótesis alternativa (H_1) para su experimento.

2. Ejercicio 2: Interpretando Resultados.

Estás probando dos algoritmos de recomendación. Tu hipótesis nula es que ambos tienen la misma tasa de clics. Después de un Test A/B, obtienes un p-value de

0.25. ¿Qué concluyes? ¿Deberías cambiar al nuevo algoritmo?

3. Ejercicio 3: Diseñando un Test A/B.

Quieres probar si añadir "emojis" al asunto de tus correos de marketing aumenta la tasa de apertura. Describe conceptualmente cómo diseñarías un Test A/B. ¿Cuál sería tu grupo de control (A) y tu grupo de variante (B)?

Parte 3

El Arte del Machine Learning Clásico (El Taller del Artesano)

- **Capítulo 10:** El Flujo de Trabajo del Machine Learning: De la pregunta de negocio al modelo evaluado.
- **Capítulo 11:** Modelos de Regresión: Regresión Lineal y la predicción de valores numéricos.
- **Capítulo 12:** Modelos de Clasificación: Regresión Logística, SVM y la toma de decisiones binarias.
- **Capítulo 13:** Modelos Basados en Árboles: Árboles de Decisión y la sabiduría colectiva de los Bosques Aleatorios.
- **Capítulo 14:** Aprendizaje No Supervisado: Clustering con K-Means para encontrar grupos ocultos.

Capítulo 10: El Flujo de Trabajo del Machine Learning

Objetivos del Capítulo

Al finalizar este capítulo, serás capaz de:

- **Definir** qué significa que una máquina "aprenda" en el contexto del Machine Learning.
- **Diferenciar** entre los tres paradigmas del aprendizaje: Supervisado, No Supervisado y por Refuerzo.
- **Describir** las fases del flujo de trabajo estándar en un proyecto de Machine Learning.
- **Reconocer** a Scikit-learn como nuestra principal herramienta para esta sección.

Introducción al Capítulo

Hemos hablado de "aprendizaje", pero ¿qué significa realmente que una máquina aprenda? En la programación tradicional, nosotros, los humanos, escribimos reglas explícitas que una computadora sigue. Si la temperatura es mayor a 30°C, enciende el aire acondicionado. En el Machine Learning, cambiamos el juego: en lugar de darle las reglas, le damos los datos (ej. miles de registros de temperatura y si el usuario encendió el aire) y la máquina **descubre las reglas por sí misma**.

Este capítulo es el mapa de ruta para este nuevo paradigma. Antes de sumergirnos en algoritmos específicos, estableceremos el proceso, el flujo de trabajo metódico que sigue todo científico de datos para guiar a una máquina en su proceso de aprendizaje. Es la receta que convierte datos en bruto en conocimiento predictivo.

1. Los Tres Paradigmas del Machine Learning

El "aprendizaje" puede ocurrir de tres maneras principales, dependiendo de los datos que tengamos.

- **Aprendizaje Supervisado (Supervised Learning):** Este es el paradigma más común. Le proporcionamos al modelo datos que han sido **etiquetados** previamente por un humano.
    - **Analogía:** Es como estudiar para un examen con un profesor que te da las preguntas (datos de entrada) y las respuestas correctas (etiquetas). El objetivo del modelo es aprender a encontrar la respuesta correcta por sí mismo.
    - **Tareas: Regresión** (predecir un número) y **Clasificación** (predecir una categoría).
- **Aprendizaje No Supervisado (Unsupervised Learning):** En este caso, le damos al modelo datos **sin etiquetar** y le pedimos que encuentre patrones o estructuras ocultas.

    - **Analogía:** Es como recibir una caja desordenada de fotos de animales y tener que agruparlas por especies sin saber de antemano qué especies hay.
    - **Tarea Principal: Clustering** (agrupamiento).
- **Aprendizaje por Refuerzo (Reinforcement Learning):** El modelo (un "agente") aprende interactuando con un entorno a través de la prueba y el error.
    - **Analogía:** Es como adiestrar a un perro. Si realiza la acción correcta, recibe una recompensa (un premio); si no, recibe un castigo (o ninguna recompensa). Con el tiempo, aprende la secuencia de acciones que maximiza sus recompensas.
    - **Tareas Típicas:** Entrenamiento de IAs para videojuegos, control de robots.

2. El Flujo de Trabajo Cíclico del Machine Learning

Un proyecto de Machine Learning no es un proceso lineal, sino un ciclo iterativo. Sin embargo, sigue una serie de pasos bien definidos.

1. **Definición del Problema:** Traducir una necesidad de negocio en un problema de ML. ¿Queremos predecir un precio (regresión) o si un cliente se dará de baja (clasificación)?

2. **Obtención y Preparación de Datos:** Esta es a menudo la fase más larga (¡hasta el 80% del tiempo!). Incluye la recolección, limpieza (manejo de errores y datos faltantes) y transformación de los datos (**Feature Engineering**).
3. **División de Datos:** ¡Crucial! Nunca entrenamos y evaluamos un modelo con los mismos datos. Dividimos nuestro dataset en:
   - **Conjunto de Entrenamiento (Training Set):** Para que el modelo aprenda.
   - **Conjunto de Prueba (Test Set):** Para obtener una evaluación final y honesta de su rendimiento en datos "no vistos".
4. **Selección y Entrenamiento del Modelo:** Elegimos un algoritmo apropiado (Regresión Lineal, Bosque Aleatorio, etc.) y lo entrenamos con nuestro conjunto de entrenamiento. Este es el paso donde el modelo "aprende" los patrones.
5. **Evaluación del Modelo:** Usamos el modelo entrenado para hacer predicciones en el conjunto de prueba y comparamos las predicciones con las etiquetas reales. Medimos el rendimiento con métricas apropiadas (error, precisión, recall, etc.).
6. **Ajuste y Despliegue:** Si el rendimiento no es suficiente, volvemos a pasos anteriores (ej. probamos otro modelo, creamos nuevas

características). Este ciclo se repite. Una vez satisfechos, el modelo se "despliega" para ser usado en una aplicación real.

3. Nuestra Herramienta Maestra: Scikit-learn

Para implementar este flujo de trabajo en los siguientes capítulos, usaremos **Scikit-learn**, la librería de Python por excelencia para el Machine Learning clásico. Su belleza reside en su API consistente y simple:

- **Entrenar un modelo:** modelo.fit(X_train, y_train)
- **Hacer una predicción:** predicciones = modelo.predict(X_new)

Resumen del Capítulo

En este capítulo, hemos establecido el marco de trabajo para toda la Parte 3 de nuestro libro. Definimos el **Machine Learning** como el proceso de aprender reglas a partir de datos y delineamos sus tres paradigmas principales: **supervisado, no supervisado y por refuerzo**. Lo más importante es que hemos trazado el **flujo de trabajo** de seis pasos que seguiremos en cada proyecto, desde la definición del problema hasta la evaluación del modelo. Finalmente, hemos reafirmado a **Scikit-learn** como nuestra herramienta de elección para este viaje.

Preguntas de Repaso con Respuesta

1. **Pregunta:** ¿Cuál es la diferencia fundamental entre el aprendizaje supervisado y el no supervisado?
    - **Respuesta:** El aprendizaje supervisado utiliza datos **etiquetados** (con respuestas conocidas) para aprender a hacer predicciones. El aprendizaje no supervisado utiliza datos **sin etiquetar** para descubrir patrones o estructuras ocultas por sí mismo.
2. **Pregunta:** Predecir si el precio de una acción subirá o bajará mañana es un problema de... ¿Regresión o Clasificación?
    - **Respuesta: Clasificación**, porque la salida es una categoría discreta ("subirá" o "bajará"). Si quisiéramos predecir el precio exacto, sería un problema de regresión.
3. **Pregunta:** ¿Por qué es fundamental dividir los datos en un conjunto de entrenamiento y uno de prueba?
    - **Respuesta:** Para obtener una evaluación honesta del rendimiento del modelo. Evaluar el modelo con los mismos datos que usó para entrenar sería como darle a un estudiante las respuestas del examen de antemano; no mediría su capacidad

real para generalizar a problemas nuevos.

4. **Pregunta:** ¿Cuál es el propósito del método .fit(X, y) en Scikit-learn?
   - **Respuesta:** Es el método que realiza el **entrenamiento** del modelo. Toma los datos de entrada (X) y las etiquetas correctas (y) y ajusta los parámetros internos del modelo para aprender la relación entre ellos.
5. **Pregunta:** ¿Qué paradigma de aprendizaje es más adecuado para entrenar una IA que juegue al ajedrez?
   - **Respuesta:** El **Aprendizaje por Refuerzo**, ya que el agente (la IA) puede aprender jugando millones de partidas contra sí mismo, recibiendo una "recompensa" por ganar y un "castigo" por perder, hasta descubrir las estrategias óptimas.

Ejercicios Prácticos

1. Ejercicio 1: Clasificando Problemas.

Para cada uno de los siguientes escenarios, indica si es un problema de Regresión, Clasificación o Clustering:

a) Predecir la cantidad de lluvia (en mm) que caerá mañana.

b) Agrupar a los usuarios de Spotify en base a sus gustos musicales.

c) Determinar si una transacción con tarjeta de crédito es fraudulenta o no.

2. Ejercicio 2: Delineando un Proyecto.

Imagina que quieres crear un modelo para predecir el tiempo de entrega de un paquete. Describe brevemente qué harías en los primeros tres pasos del flujo de trabajo de Machine Learning (Definir el problema, Obtener y Preparar Datos, División de Datos).

3. Ejercicio 3: Pensando en Características.

Para el problema del ejercicio anterior (predecir el tiempo de entrega), haz una lluvia de ideas de 5 "características" o datos de entrada que crees que serían útiles para entrenar el modelo.

Capítulo 11: Modelos de Regresión: Prediciendo el Futuro Numérico

Objetivos del Capítulo

Al finalizar este capítulo, serás capaz de:

- **Implementar** un modelo de Regresión Lineal Simple y Múltiple usando Scikit-learn.
- **Interpretar** los coeficientes de un modelo para entender el impacto de cada característica.
- **Evaluar** el rendimiento de un modelo de regresión con métricas como MAE, MSE y

  R^2
- **Construir** tu primer proyecto de regresión de principio a fin.

Introducción al Capítulo

La regresión es la tarea de predecir un valor numérico continuo. Es una de las aplicaciones más comunes y de mayor valor del Machine Learning. ¿Cuánto venderemos el próximo trimestre? ¿Cuál será el precio de esta casa? ¿Cuántos usuarios se registrarán mañana? Todas estas son preguntas de regresión.

En este capítulo, construiremos nuestro primer modelo predictivo siguiendo el flujo de trabajo que aprendimos. Usaremos la **Regresión Lineal**, un algoritmo que ya conocimos en nuestra sección de estadística, pero esta vez lo abordaremos desde la perspectiva de un practicante de Machine Learning. Aprenderás a entrenarlo, a interpretar lo que ha "aprendido" y, lo más importante, a medir objetivamente qué tan buenas son sus predicciones.

1. Regresión Lineal: La Línea de Base Inteligente

Recordemos la esencia de la Regresión Lineal: busca encontrar la "línea recta" (o un hiperplano en múltiples dimensiones) que mejor se ajuste a los datos.

El Aprendizaje

El modelo "aprende" encontrando los coeficientes (la pendienteβ_1y el interceptoβ_0) que minimizan la suma de los errores al cuadrado entre la línea y los puntos de datos reales.

Regresión lineal múltiple

Cuando usamos más de una característica de entrada, la ecuación se expande:

$$y = \beta_0 + \beta_1 incógnita_1 + \beta_2 incógnita_2 + \cdots + \beta_{norte} incógnita_{norte} + \epsilon$$

La interpretación de cada coeficiente.$\beta_i$es crucial: representar el cambio promedio en la variable de salida$y$por cada aumento de una unidad en la característica$incógnita_i$, manteniendo todas las demás constantes.

2. Implementación Práctica con Scikit-learn

Problema: Predecir el gasto anual de un cliente en un sitio de e-commerce basándonos en características como el tiempo que ha sido miembro, su tiempo de sesión promedio, etc.

Paso 1: Carga y División de Datos

Asumimos que tenemos un DataFrame de Pandas clientes_df.

Paso 1: Carga y División de Datos

Python

```
import pandas as pd

import numpy as np

from sklearn.model_selection import train_test_split

import pandas as pd

import numpy as np

# Crear un DataFrame de ejemplo

np.random.seed(42)  # para reproducibilidad

clientes_df = pd.DataFrame({

    'Tiempo_Miembro': np.random.randint(1, 10, 100),

    'Tiempo_Sesion_Promedio': np.random.uniform(10, 60,
100),

    'Longitud_Afiliacion': np.random.randint(1, 5,
100),

    'Gasto_Anual': np.random.uniform(1000, 5000, 100)

})

# Verificamos las primeras filas

print(clientes_df.head())

# Definir características (X) y objetivo (y)

X = clientes_df[['Tiempo_Miembro',
'Tiempo_Sesion_Promedio', 'Longitud_Afiliacion']]

y = clientes_df['Gasto_Anual']

# Dividir en conjuntos de entrenamiento y prueba (30%
prueba)

X_train, X_test, y_train, y_test = train_test_split(

    X, y, test_size=0.3, random_state=42

)

# Paso 2: Entrenamiento del Modelo

from sklearn.linear_model import LinearRegression
```

```
# Crear una instancia del modelo y entrenarlo

modelo_lr = LinearRegression()

modelo_lr.fit(X_train, y_train)

# Paso 3: Interpretación de los coeficientes

print("Intercepto:", modelo_lr.intercept_)

print("Coeficientes:", modelo_lr.coef_)

coeficientes = pd.DataFrame(modelo_lr.coef_,
index=X.columns, columns=['Coeficiente'])

print(coeficientes)

# Paso 4: Predicción y Evaluación (cálculos correctos)

from sklearn import metrics

# Hacer predicciones en el conjunto de prueba

predicciones = modelo_lr.predict(X_test)

# Evaluar el rendimiento

mae = metrics.mean_absolute_error(y_test, predicciones)

mse = metrics.mean_squared_error(y_test, predicciones)

rmse = np.sqrt(mse)                       # RMSE =
sqrt(MSE)

r2 = metrics.r2_score(y_test, predicciones)

print('MAE:', mae)

print('MSE:', mse)

print('RMSE:', rmse)

print('R²:', r2)

# (Opcional) Mostrar un resumen breve en un DataFrame

metricas = pd.DataFrame({

    'MAE': [mae],

    'MSE': [mse],
```

```
    'RMSE': [rmse],
    'R2': [r2]
})
print(metricas)
```

En consola se mostrará:

```
   Tiempo_Miembro  Tiempo_Sesion_Promedio  Longitud_Afiliacion  Gasto_Anual
0               7               29.146344                    1  4978.202043
1               4               58.585605                    4  2879.778056
2               8               52.445691                    2  2118.241367
3               5               46.086476                    4  4533.976089
4               7               21.799246                    1  3990.875096
Intercepto: 2348.1561129167894
Coeficientes: [ 32.52481897  -8.15809811 178.13937183]
                        Coeficiente
Tiempo_Miembro            32.524819
Tiempo_Sesion_Promedio    -8.158098
Longitud_Afiliacion      178.139372
MAE: 975.2594312589748
MSE: 1414608.8754927223
RMSE: 1189.3733120819224
R²: -0.07611368461501411
          MAE           MSE         RMSE        R2
0  975.259431  1.414609e+06  1189.373312 -0.076114
```

Paso 1

Paso 1: Carga y división de datos
Definimos las características (X) que usarán el modelo —aquí Tiempo_Miembro, Tiempo_Sesion_Promedio y Longitud_Afiliacion— y la variable objetivo Gasto_Anual. Luego dividimos el dataset en entrenamiento y prueba usando train_test_split (por ejemplo test_size=0.3 para reservar el 30% de los datos para evaluación).

Paso 2

Paso 2: Entrenamiento del modelo

Entrenamos un modelo de regresión lineal ordinaria (`LinearRegression`) con los datos de entrenamiento (`X_train`, `y_train`) mediante `modelo_lr.fit(...)`.

Paso 3: Interpretación de los coeficientes

Después de entrenar, el modelo proporciona un intercepto (`modelo_lr.intercept_`) y coeficientes para cada característica (`modelo_lr.coef_`). Podemos presentarlos en una tabla para facilitar la lectura:

Característica	Coeficiente
Tiempo_Miembro	63.4
Tiempo_Sesion_Promedio	25.6
Longitud_Afiliacion	38.8

Interpretación: Manteniendo constantes las demás variables, un incremento de una unidad en `Tiempo_Miembro` está asociado, en promedio, con un aumento de $63.4 en `Gasto_Anual`. (Este número es interpretativo y depende de unidades y escalas de las variables).

Donde aparecen los puntos suspensivos, debe ir `modelo_lr.fit(X_train, y_train).`

Paso 4: Predicción y evaluación — fórmulas correctas

Evaluamos el rendimiento del modelo usando el conjunto de prueba. Las métricas más habituales son:

- **MAE (Mean Absolute Error, Error absoluto medio):**
  $\mathrm{MAE} = \frac{1}{n}\sum_{i=1}^{n}|y_i - \hat{y}_i|$
  Interpretable como "en promedio, nuestras predicciones se desvían del valor real en $X".
- **MSE (Mean Squared Error, Error cuadrático medio):**
  $\mathrm{MSE} = \frac{1}{n}\sum_{i=1}^{n}(y_i - \hat{y}_i)^2$
- **RMSE (Root Mean Squared Error, raíz del error cuadrático medio):**
  $\mathrm{RMSE} = \sqrt{\mathrm{MSE}}$
  RMSE tiene las mismas unidades que la variable objetivo y penaliza más los errores grandes.
- **R^2 (Coeficiente de determinación):**
  Mide la proporción de la varianza de la variable objetivo explicada por el modelo. Va de $-\infty$ a 1; valores cercanos a 1 indican buen ajuste explicativo (aunque no garantizan causalidad).

En el código anterior calculamos exactamente estas métricas usando las funciones de sklearn.metrics. Observa que RMSE se obtiene calculando la raíz cuadrada del MSE —esto es una aclaración importante porque a veces se confunde el orden de operaciones.

Resumen del Capítulo

En este capítulo, hemos construido nuestro primer modelo de Machine Learning de principio a fin siguiendo un flujo de trabajo profesional. Hemos tomado la **Regresión Lineal**, un algoritmo potente e interpretable, y lo hemos aplicado a un problema de negocio real. Aprendiste a entrenar el modelo con Scikit-learn, a **interpretar sus coeficientes** para obtener información valiosa del negocio, y a **evaluar su rendimiento** con un conjunto de métricas estándar de la industria como **MAE** y R^2 (o R-cuadrado) . Has completado tu primer proyecto de regresión.

Preguntas de Repaso con Respuesta

1. **Pregunta:** ¿Cuál es el objetivo de un modelo de regresión?
   - **Respuesta:** Predecir un valor de salida numérico y continuo.
2. **Pregunta:** En una Regresión Lineal Múltiple que predice el precio de un coche, el coeficiente para la característica "kilometraje" es -0.05. ¿Cómo se interpreta?

- **Respuesta:** Manteniendo todas las demás características constantes, por cada kilómetro adicional en el odómetro, se predice que el precio del coche disminuirá en $0.05, en promedio.

3. **Pregunta:** ¿Cuál es la diferencia de interpretación entre el MAE y el R^2?
   - **Respuesta:** El MAE (Error Absoluto Medio) nos dice la magnitud promedio del error en las unidades originales (ej. "el error es de $500"). El R^2 nos dice el porcentaje de la varianza en los datos que nuestro modelo es capaz de explicar (ej. "el modelo explica el 85% de la variación de los precios").
4. **Pregunta:** ¿Por qué entrenamos el modelo con X_train y y_train pero lo evaluamos comparando predicciones con y_test?
   - **Respuesta:** Porque necesitamos evaluar el rendimiento del modelo en datos que nunca ha visto antes (X_test, y_test) para tener una medida honesta de su capacidad de generalización.
5. **Pregunta:** Si un modelo de regresión tiene un

   de 0.02, ¿es un buen modelo?
   - **Respuesta:** No. Un **R^2** tan bajo indica que el modelo apenas explica la

variabilidad de los datos y, por lo tanto, tiene muy poco poder predictivo.

- variabilidad de los datos y, por lo tanto, tiene muy poco poder predictivo.

Ejercicios Prácticos

1. Ejercicio 1: Interpretando un Nuevo Modelo.

Un modelo predice la puntuación de un examen (0-100) con la ecuación: Nota = 3 * Horas_Estudio + 0.5 * Horas_Sueño + 20. Si dos estudiantes durmieron lo mismo, pero uno estudió 2 horas más que el otro, ¿cuál es la diferencia esperada en sus notas según el modelo?

2. Ejercicio 2: Eligiendo la Métrica.

Estás prediciendo precios de casas. ¿Qué métrica (MAE o MSE/RMSE) sería más sensible si tu modelo comete unos pocos errores muy grandes (ej. se equivoca por $200,000 en una mansión)? ¿Por qué?

3. Ejercicio 3: Pensando en Características.

Quieres construir un modelo de regresión lineal para predecir el "tiempo de vida" de un cliente en un servicio de suscripción. Haz una lluvia de ideas de 3 características (x) que crees que serían útiles para este modelo.

Capítulo 12: Modelos de Clasificación: Decisiones Binarias y Más Allá

Objetivos del Capítulo

Al finalizar este capítulo, serás capaz de:

- **Implementar** y comprender la **Regresión Logística** como un modelo de clasificación probabilístico.
- **Entender** la intuición de las **Máquinas de Soporte Vectorial (SVM)** y el concepto de "máximo margen".
- **Aplicar** el "truco del kernel" para resolver problemas no lineales con SVMs.
- **Evaluar y comparar** modelos de clasificación usando la matriz de confusión, precisión y recall.

Introducción al Capítulo

Hemos aprendido a predecir números. Pero muchas de las preguntas más importantes son de "sí o no", o de elegir entre categorías. ¿Es esta transacción un fraude? ¿A qué especie pertenece esta flor? ¿Este cliente abandonará el servicio? Estas son tareas de **clasificación**.

En este capítulo, añadiremos a nuestro taller dos de las herramientas de clasificación más fundamentales y potentes. Empezaremos con la **Regresión Logística**, nuestro caballo de batalla para obtener probabilidades.

Luego, exploraremos la elegante y poderosa **Máquina de Soporte Vectorial (SVM)**, un algoritmo que busca la mejor frontera posible para separar nuestros datos. Al final, no solo sabrás construir estos modelos, sino también cómo medir su rendimiento de una manera mucho más sofisticada que una simple tasa de aciertos.

1. Modelo 1: Regresión Logística - La Línea de Base Probabilística

Como vimos en la sección de estadística, la Regresión Logística, a pesar de su nombre, es un algoritmo de clasificación.

- **La Intuición:** Dibuja una línea (o un plano) para separar las clases, pero su verdadera fortaleza es que no da una respuesta de "sí o no" directamente. En su lugar, utiliza la **función Sigmoide** para transformar su salida en una **probabilidad** (un número entre 0 y 1). Esto es increíblemente útil, ya que nos permite saber qué tan "seguro" está el modelo de su predicción.
- **Métricas de Evaluación para Clasificación:** A diferencia de la regresión (donde usamos MAE o R^2 (o R-cuadrado), en la clasificación usamos:
    - **Matriz de Confusión:** Una tabla que desglosa los aciertos y errores del modelo (Verdaderos Positivos, Falsos

Positivos, Falsos Negativos, Verdaderos Negativos).

- **Precisión (Precision):** De los que predijimos como positivos, ¿cuántos acertamos? Mide la calidad de las predicciones positivas.
- **Recall (Sensibilidad):** De todos los que eran realmente positivos, ¿cuántos encontramos? Mide la capacidad del modelo para no pasar por alto los casos positivos.

2. Modelo 2: Máquinas de Soporte Vectorial (SVM) - Maximizando el Margen

La SVM también traza una línea para separar las clases, pero con una filosofía diferente y muy potente.

- **La Intuición:** Imagina que hay muchas líneas posibles que pueden separar dos grupos de puntos. La SVM busca la **línea óptima**, que se define como aquella que tiene el **margen** (la "calle" o zona de seguridad) más ancho posible entre ella y los puntos más cercanos de cada clase. Un margen más amplio conduce a una mejor generalización.
- **Los Vectores de Soporte:** La posición de esta línea óptima está determinada únicamente por

los puntos más cercanos a ella, llamados **vectores de soporte**.

- **El Truco del Kernel (The Kernel Trick):** La verdadera superpotencia de las SVMs. Para datos que no se pueden separar con una línea recta, el "truco del kernel" (ej. el kernel 'rbf') proyecta los datos a una dimensión superior donde sí se vuelven separables, permitiendo a las SVMs crear límites de decisión increíblemente complejos y no lineales.

3. Implementación Práctica con Scikit-learn (Comparativa)

Problema: Clasificar si un tumor es benigno o maligno basándonos en datos médicos del dataset "Breast Cancer".

- Paso 1: Carga, División y Escalamiento de Datos

Es crucial escalar los datos para las SVMs y es una buena práctica para la Regresión Logística.

Python

```
from sklearn.datasets import load_breast_cancer

from sklearn.model_selection import train_test_split

from sklearn.preprocessing import StandardScaler

cancer = load_breast_cancer()

X_train, X_test, y_train, y_test =
train_test_split(cancer.data, cancer.target, test_size=0.3,
random_state=42)
```

```
scaler = StandardScaler()
X_train_scaled = scaler.fit_transform(X_train)
X_test_scaled = scaler.transform(X_test)
```

- **Paso 2: Entrenar y Evaluar la Regresión Logística**

Python

```
from sklearn.linear_model import LogisticRegression
from sklearn.metrics import classification_report
# Entrenar
modelo_log = LogisticRegression()
modelo_log.fit(X_train_scaled, y_train)
# Predecir y Evaluar
predicciones_log = modelo_log.predict(X_test_scaled)
print("--- Resultados Regresión Logística ---\n", classification_report(y_test, predicciones_log))
```

- **Paso 3: Entrenar y Evaluar la SVM**

Python

```
from sklearn.svm import SVC
# Entrenar (usando el potente kernel RBF)
modelo_svm = SVC(kernel='rbf')
modelo_svm.fit(X_train_scaled, y_train)
# Predecir y Evaluar
predicciones_svm = modelo_svm.predict(X_test_scaled)
print("--- Resultados SVM ---\n", classification_report(y_test, predicciones_svm))
```

Al comparar los reportes de clasificación, podemos determinar objetivamente qué modelo funciona mejor para este conjunto de datos específico.

Resumen del Capítulo

En este capítulo, hemos añadido a nuestro arsenal dos de los algoritmos de **clasificación** más importantes. Aprendimos que la **Regresión Logística** es un excelente modelo de base que nos proporciona **probabilidades**. Luego, descubrimos el poder de las **Máquinas de Soporte Vectorial (SVM)**, que buscan la frontera de decisión óptima **maximizando el margen**. Vimos cómo el **truco del kernel** permite a las SVMs manejar datos no lineales. Finalmente, implementamos y comparamos ambos modelos con Scikit-learn, y reforzamos nuestro conocimiento de las métricas de evaluación clave: la **matriz de confusión, la precisión y el recall**.

Preguntas de Repaso con Respuesta

1. **Pregunta:** ¿Cuál es la principal diferencia en la salida de una Regresión Logística y una SVM (por defecto)?
    - **Respuesta:** La Regresión Logística produce una **probabilidad** (un número entre 0 y 1). Una SVM, por defecto, produce una clase directa (0 o 1) basada en de qué lado del hiperplano de máximo margen cae el punto.
2. **Pregunta:** ¿Cuál es la filosofía principal de una SVM para encontrar el mejor límite de decisión?

- **Respuesta:** Encontrar el hiperplano que **maximiza el margen** (la "distancia de seguridad") entre las clases, lo que teóricamente conduce a una mejor generalización.

3. **Pregunta:** ¿Para qué sirve el "truco del kernel" en una SVM?
   - **Respuesta:** Permite que el modelo de SVM, que es inherentemente lineal, cree límites de decisión complejos y no lineales, transformando el espacio de características a una dimensión superior.
4. **Pregunta:** En un problema de diagnóstico de una enfermedad, ¿qué métrica (precisión o recall) es generalmente más importante optimizar y por qué?
   - **Respuesta:** El **Recall**, porque es crucial identificar a la mayor cantidad posible de personas que realmente tienen la enfermedad (minimizar los Falsos Negativos), incluso si eso significa tener algunos Falsos Positivos.
5. **Pregunta:** ¿Por qué es importante escalar los datos antes de entrenar una SVM?
   - **Respuesta:** Porque el algoritmo de SVM se basa en distancias. Si las características tienen escalas muy diferentes, la característica con el rango más grande dominará el cálculo y sesgará

el modelo, impidiéndole encontrar el hiperplano óptimo.

Ejercicios Prácticos

1. Ejercicio 1: Tu Propia Interpretación.

Te entregan un reporte de clasificación para un filtro de spam. Para la clase "spam", la precisión es del 98% y el recall es del 85%. Explica en términos sencillos lo que significan estos dos números.

2. Ejercicio 2: Eligiendo el Modelo.

Tienes un conjunto de datos que, al visualizarlo, muestra dos clases en forma de círculos concéntricos (una clase en el centro y otra alrededor). ¿Qué modelo (Regresión Logística o una SVM con kernel RBF) crees que funcionaría mejor y por qué?

3. Ejercicio 3: Código de Predicción.

Asumiendo que tienes un modelo SVM entrenado llamado modelo_svm y un nuevo cliente nuevo_cliente_scaled, escribe la línea de código de Scikit-learn para predecir si este cliente pertenece a la clase 0 o 1.

Capítulo 13: Modelos Basados en Árboles: De la Regla a la Multitud

Objetivos del Capítulo

Al finalizar este capítulo, serás capaz de:

- **Implementar** un **Árbol de Decisión** y entender su alta interpretabilidad.
- **Identificar** el sobreajuste como la principal debilidad de los árboles individuales.
- **Comprender** cómo los **Bosques Aleatorios (Random Forests)** utilizan el "aprendizaje por ensamble" para crear modelos robustos.
- **Utilizar** un Bosque Aleatorio y extraer la importancia de las características.

Introducción al Capítulo

Los modelos que hemos visto hasta ahora aprenden coeficientes matemáticos. Pero los seres humanos a menudo tomamos decisiones siguiendo una serie de reglas lógicas. Si la calificación crediticia es baja, entonces rechazar préstamo. Si no, si los ingresos son altos, entonces aprobar. Esta lógica de "si... entonces..." es la base de los **Árboles de Decisión**.

En este capítulo, exploraremos esta familia de modelos intuitivos. Primero, construiremos un único Árbol de Decisión, apreciando su increíble transparencia. Luego, descubriremos su talón de Aquiles —una tendencia a "memorizar" los datos— y presentaremos la solución: el **Bosque Aleatorio**, un modelo que aplica la "sabiduría de la multitud" al combinar cientos de árboles para formar uno de los algoritfos más potentes y fiables del Machine Learning.

1. Modelo 1: Árboles de Decisión - La Interpretabilidad como Superpoder

Un Árbol de Decisión aprende una serie de preguntas jerárquicas para dividir los datos y llegar a una predicción.

- **La Intuición:** Es un diagrama de flujo que el algoritmo aprende automáticamente. Cada nodo es una pregunta sobre una característica, y cada rama es una respuesta que te lleva a la siguiente pregunta, hasta llegar a una "hoja" que contiene la predicción final.
- **El "Aprendizaje":** El árbol aprende a hacer las mejores preguntas posibles en cada paso, eligiendo la característica y el umbral que crean los grupos resultantes más "puros" (es decir, que mejor separan las clases).
- **La Debilidad: Sobreajuste (Overfitting):** Si no se le ponen límites, un árbol seguirá haciendo preguntas hasta que cada hoja corresponda a una sola muestra del entrenamiento. Creará reglas ultra-específicas que no generalizan a datos nuevos. Para controlarlo, usamos hiperparámetros como max_depth (profundidad máxima).

2. Modelo 2: Bosques Aleatorios (Random Forests) - La Sabiduría de la Multitud

Un Bosque Aleatorio es un modelo de **aprendizaje por ensamble**. En lugar de depender de un solo árbol, construye cientos (o miles) de árboles y combina sus predicciones.

- **La Intuición:** La predicción de un solo "experto" (un árbol) puede ser errática. Pero la predicción promedio o el voto mayoritario de un gran comité de expertos diversos (el bosque) es extremadamente robusta y precisa.
- **El "Aprendizaje" - Cómo Crea un Bosque Diverso:**
    1. **Aleatoriedad en los Datos (Bagging):** Cada árbol del bosque se entrena con una muestra aleatoria (con reemplazo) del conjunto de entrenamiento. Esto asegura que cada árbol tenga una perspectiva ligeramente diferente de los datos.
    2. **Aleatoriedad en las Características:** Al decidir una pregunta en un nodo, a cada árbol solo se le permite considerar un subconjunto aleatorio de las características. Esto evita que todos los árboles se obsesionen con las mismas

características predictivas y los fuerza a explorar diferentes patrones.

- Beneficio Adicional: Importancia de Características (feature_importances_)

Al final del entrenamiento, el bosque puede decirnos qué características fueron, en promedio, las más importantes para tomar decisiones correctas en todos los árboles.

3. Implementación Práctica con Scikit-learn (Comparativa)

Problema: Predecir la supervivencia en el Titanic.

- Paso 1: Carga y Preparación de Datos

Asumimos que X (características como Clase, Género, Edad) e y (la variable Sobrevivió) ya están cargados y preprocesados.

Python

```
from sklearn.model_selection import train_test_split

X_train, X_test, y_train, y_test = train_test_split(X, y, test_size=0.3, random_state=42)
```

- **Paso 2: Entrenar y Evaluar un Árbol de Decisión**

Python

```
from sklearn.tree import DecisionTreeClassifier

from sklearn.metrics import classification_report
```

```
# Entrenamos un árbol "podado" para evitar sobreajuste

arbol = DecisionTreeClassifier(max_depth=5,
random_state=42)

arbol.fit(X_train, y_train)

predicciones_arbol = arbol.predict(X_test)

print("--- Resultados Árbol de Decisión ---\n",
classification_report(y_test, predicciones_arbol))
```

- **Paso 3: Entrenar y Evaluar un Bosque Aleatorio**

Python

```
from sklearn.ensemble import RandomForestClassifier


# Entrenamos un bosque con 100 árboles

bosque = RandomForestClassifier(n_estimators=100,
random_state=42)

bosque.fit(X_train, y_train)

predicciones_bosque = bosque.predict(X_test)

print("--- Resultados Bosque Aleatorio ---\n",
classification_report(y_test, predicciones_bosque))

# Ver la importancia de las características

importancias = pd.Series(bosque.feature_importances_,
index=X_train.columns).sort_values(ascending=False)

print("\nImportancia de Características:\n", importancias)
```

Generalmente, el Bosque Aleatorio mostrará un rendimiento superior y más estable en el conjunto de prueba. El análisis de importancia de características podría revelar que Género y Clase fueron las variables más decisivas.

Resumen del Capítulo

En este capítulo, hemos añadido la potente familia de **modelos basados en árboles** a nuestro repertorio. Vimos que los **Árboles de Decisión** son altamente **interpretables** al aprender reglas explícitas, pero son propensos al **sobreajuste**. Luego, presentamos el **Bosque Aleatorio** como la solución, un modelo de **ensamble** que combate el sobreajuste al promediar los votos de muchos árboles diversos. Esta diversidad se logra mediante la **aleatoriedad** tanto en los datos como en las características. Finalmente, implementamos ambos con Scikit-learn y descubrimos el poder de la **importancia de características** para entender qué factores impulsan las predicciones de nuestro modelo.

Preguntas de Repaso con Respuesta

1. **Pregunta:** ¿Cuál es la principal ventaja de un Árbol de Decisión?
    - **Respuesta:** Su alta **interpretabilidad**. Las reglas que aprende se pueden visualizar y entender fácilmente, lo que es muy útil para explicar las decisiones del modelo.
2. **Pregunta:** ¿Cuál es la principal desventaja de un Árbol de Decisión y cómo la soluciona un Bosque Aleatorio?
    - **Respuesta:** Su principal desventaja es la alta propensión al **sobreajuste**. Un Bosque Aleatorio lo soluciona promediando las predicciones de

muchos árboles diversos, lo que reduce la varianza y crea un modelo más robusto.

3. **Pregunta:** ¿Cuáles son las dos fuentes de aleatoriedad que utiliza un Bosque Aleatorio para crear árboles diversos?
   - **Respuesta:** 1) **Bagging**, que entrena cada árbol en una muestra aleatoria de los datos. 2) **Aleatoriedad de características**, que limita las divisiones de los nodos a un subconjunto aleatorio de las características.
4. **Pregunta:** ¿Qué significa el hiperparámetro n_estimators en un RandomForestClassifier?
   - **Respuesta:** Representa el número de Árboles de Decisión que se construirán y formarán parte del bosque.
5. **Pregunta:** ¿Qué es la "importancia de características" (feature importance) y por qué es útil?
   - **Respuesta:** Es una puntuación que el Bosque Aleatorio asigna a cada característica, indicando cuán útil fue en promedio para tomar decisiones correctas. Es muy útil para entender qué factores son los más influyentes en un problema.
   -

Ejercicios Prácticos

1. Ejercicio 1: Tu Propio Árbol.

Dibuja un pequeño árbol de decisión que modele tu decisión de "elegir una película esta noche". Usa características como 'género', 'actor principal' y 'duración'.

2. Ejercicio 2: Interpretando la Importancia.

Un modelo para predecir el abandono de clientes te da las siguientes importancias: Numero_Quejas: 0.55, Antiguedad_Cliente: 0.25, Factura_Mensual: 0.20. ¿Cuál es, de lejos, el factor más importante que el modelo ha aprendido para predecir si un cliente se irá?

3. Ejercicio 3: Viendo el Sobreajuste en Acción.

Usando el código del capítulo, entrena un DecisionTreeClassifier sin ningún hiperparámetro de poda (sin max_depth). Calcula su precisión en el conjunto de entrenamiento (X_train) y en el de prueba (X_test). Compara esa diferencia de precisión con la del Bosque Aleatorio. ¿Qué modelo generaliza mejor?

Capítulo 14: Aprendizaje No Supervisado: Encontrando Estructura en el Caos

Objetivos del Capítulo

Al finalizar este capítulo, serás capaz de:

- **Comprender** la diferencia fundamental entre el aprendizaje supervisado y el no supervisado.
- **Aprender** el objetivo de los algoritmos de **clustering**.
- **Entender** el funcionamiento intuitivo del algoritmo **K-Means**.
- **Implementar** K-Means con Scikit-learn para segmentar datos.

Introducción al Capítulo

Hasta ahora, hemos actuado como "supervisores" de nuestros modelos, dándoles ejemplos con las respuestas correctas. Pero, ¿qué pasa cuando no tenemos respuestas? ¿Qué pasa si nos enfrentamos a una base de datos de miles de clientes y queremos descubrir sus "perfiles" o "segmentos" naturales, sin ninguna etiqueta predefinida?

Este capítulo te introduce al **aprendizaje no supervisado**, el arte de encontrar la estructura inherente en los datos. Nos enfocaremos en la tarea más común: el **clustering**, o agrupamiento. Aprenderás a usar el famoso algoritmo **K-Means**, una herramienta elegante y potente que agrupa tus datos en clústeres, como un bibliotecario experto que organiza una pila de libros sin etiquetas en secciones coherentes por su contenido.

1. El Mundo sin Etiquetas: Aprendizaje No Supervisado

El objetivo del aprendizaje no supervisado es encontrar patrones, agrupaciones o anomalías en datos **sin etiquetar**. No estamos prediciendo una respuesta correcta; estamos descubriendo la estructura de los datos.

- **Aplicaciones Clave:**
    - **Segmentación de Clientes:** Agrupar clientes por su comportamiento de compra.
    - **Detección de Anomalías:** Identificar transacciones fraudulentas como puntos que no pertenecen a ningún clúster "normal".
    - **Sistemas de Recomendación:** Agrupar usuarios con gustos similares.

2. El Algoritmo K-Means: La Danza de los Centroides

K-Means es el algoritmo de clustering más popular. Su objetivo es particionar los datos en **'K'** clústeres distintos, donde 'K' es un número que nosotros debemos especificar de antemano.

- **El Algoritmo (Paso a Paso):**
    1. **Inicialización:** Se colocan al azar **K** puntos en el espacio de datos. Estos puntos son los **centroides** iniciales.
    2. **Paso de Asignación:** Cada punto de dato se asigna al clúster de su centroide **más cercano**.
    3. **Paso de Actualización:** La posición de cada centroide se recalcula, moviéndose al **centro de gravedad (la media)** de todos los puntos que le fueron asignados.
    4. **Iteración:** Los pasos 2 y 3 se repiten. Los puntos se reasignan a los nuevos centroides, y los centroides se mueven de nuevo. Este "baile" continúa hasta que los centroides dejan de moverse, lo que significa que los clústeres son estables.

3. Implementación Práctica con Scikit-learn

Problema: Segmentar clientes de un centro comercial basándonos en sus ingresos y su "puntuación de gasto".

- Paso 1: Carga y Escalamiento de Datos

Como K-Means se basa en distancias, es crucial que todas las características estén en la misma escala.

Python

```
import pandas as pd

from sklearn.cluster import KMeans

from sklearn.preprocessing import StandardScaler

import matplotlib.pyplot as plt

import seaborn as sns

# Asumimos que 'df' tiene las columnas 'Ingresos' y
'Puntuacion_Gasto'

X = df[['Ingresos', 'Puntuacion_Gasto']]

scaler = StandardScaler()

X_scaled = scaler.fit_transform(X)
```

- Paso 2: Entrenamiento del Modelo

Debemos elegir un valor para K. Supongamos que, tras un análisis, decidimos que 5 es un buen número de segmentos de clientes.

Python

```
# Crear una instancia del modelo

kmeans = KMeans(n_clusters=5, random_state=42,
n_init='auto')


# Entrenar el modelo (¡nota que no hay 'y'!)

kmeans.fit(X_scaled)
```

- Paso 3: Obtener y Visualizar los Resultados

El modelo entrenado nos da la etiqueta del clúster para cada cliente.

Python

```
# Añadir las etiquetas de clúster al DataFrame original

df['Cluster'] = kmeans.labels_

# Visualizar los resultados

plt.figure(figsize=(10, 6))

sns.scatterplot(data=df, x='Ingresos',
y='Puntuacion_Gasto', hue='Cluster', palette='viridis')

plt.title('Segmentación de Clientes con K-Means')

plt.show()
```

El gráfico mostrará claramente los 5 grupos de clientes que el algoritmo ha descubierto, por ejemplo: "ingresos altos, gasto bajo", "ingresos bajos, gasto alto", etc.

Resumen del Capítulo

En este capítulo, hemos explorado el **aprendizaje no supervisado**, un paradigma donde buscamos patrones en datos sin etiquetar. Nos hemos centrado en el **clustering** y hemos aprendido la lógica intuitiva del algoritmo **K-Means**, que funciona a través de una "danza" iterativa de asignación y actualización de **centroides**. Finalmente, hemos implementado K-Means con Scikit-learn para un problema real de segmentación de clientes, demostrando cómo este algoritmo puede revelar la estructura oculta en nuestros datos. Con esto, concluimos nuestra exploración del Machine Learning clásico.

Preguntas de Repaso con Respuesta

1. **Pregunta:** ¿Cuál es la diferencia fundamental entre el aprendizaje supervisado y el no supervisado?
    - **Respuesta:** El aprendizaje supervisado utiliza datos **etiquetados** para aprender a hacer predicciones, mientras que el no supervisado trabaja con datos **sin etiquetar** para descubrir patrones y estructuras inherentes.
2. **Pregunta:** ¿Cuál es el objetivo principal de un algoritmo de clustering?
    - **Respuesta:** Agrupar un conjunto de puntos de datos de tal manera que los puntos en el mismo grupo (clúster) sean más similares entre sí que con los de otros grupos.
3. **Pregunta:** ¿Cuáles son los dos pasos principales que se repiten en el algoritmo K-Means?
    - **Respuesta:** El **paso de asignación**, donde cada punto de dato se asigna al centroide más cercano, y el **paso de actualización**, donde cada centroide se mueve al centro de los puntos que le fueron asignados.

4. **Pregunta:** ¿Qué es 'K' en K-Means y por qué es un desafío?
    - **Respuesta:** 'K' es el número de clústeres que queremos que el algoritmo encuentre. Es un desafío porque es un hiperparámetro que debemos especificar antes del entrenamiento, y el éxito del algoritmo a menudo depende de elegir un valor apropiado para 'K'.
5. **Pregunta:** En K-Means, ¿por qué es importante escalar las características de los datos antes de entrenar el modelo?
    - **Respuesta:** Porque el algoritmo se basa en el cálculo de distancias. Si una característica tiene una escala mucho mayor que otra, dominará el cálculo de la distancia y sesgará el proceso de clustering, llevando a resultados pobres.

Ejercicios Prácticos

1. Ejercicio 1: Casos de Uso del Clustering.

Describe un problema de negocio en una industria que conozcas (ej. finanzas, salud, retail) que podría resolverse o mejorarse aplicando un algoritmo de clustering para segmentar los datos.

2. Ejercicio 2: Interpretando los Clústeres.

Observa el gráfico de salida del proyecto del capítulo. Describe con tus propias palabras las características de cada uno de los 5 segmentos de clientes. (Ej. "El clúster morado parece ser de clientes con altos ingresos pero bajo gasto").

3. Ejercicio 3: Pensando en las Limitaciones.

Imagina que tus datos forman dos círculos concéntricos. ¿Crees que K-Means sería capaz de separar correctamente estos dos grupos? ¿Por qué sí o por qué no?

Parte 4

El Universo del Deep Learning (Construyendo el Cerebro)

Esta parte combina la teoría de "desde cero" con la práctica de los frameworks para enseñar a construir redes neuronales.

- Capítulo 15: La Neurona y la Red: La arquitectura fundamental y el pase hacia adelante.
- Capítulo 16: El Mecanismo del Aprendizaje: La intuición detrás de Backpropagation y el Descenso del Gradiente.
- Capítulo 17: Visión por Computadora: Construyendo Redes Neuronales Convolucionales (CNNs) con Keras.
- Capítulo 18: Procesamiento del Lenguaje Natural: Construyendo Redes Recurrentes (LSTM/GRU) con Keras.
- Capítulo 19: La Revolución Transformer: La arquitectura detrás de GPT y la IA moderna.
- Capítulo 20: Técnicas de Entrenamiento Avanzadas: Callbacks, Guardado y el superpoder del Transfer Learning.

Capítulo 15: La Neurona y la Red: Los Ladrillos del Pensamiento Artificial

Objetivos del Capítulo

Al finalizar este capítulo, serás capaz de:

- **Comprender** el modelo matemático de una neurona artificial.
- **Entender** el rol crucial de las funciones de activación no lineales.
- **Describir** cómo las neuronas se organizan en capas para formar una red.
- **Seguir** el flujo de datos a través de una red en un **pase hacia adelante (Forward Propagation)**.

Introducción al Capítulo

Mientras que los algoritmos de Machine Learning clásicos son como herramientas especializadas, las redes neuronales son como cajas de Lego. Nos proporcionan un bloque de construcción simple y versátil —la **neurona artificial**— que podemos combinar y apilar en capas para construir estructuras de una complejidad casi infinita. Esta flexibilidad es lo que les permite aprender patrones extremadamente sutiles en datos complejos como imágenes, sonidos y texto.

En este capítulo, volveremos al principio. Aislaremos ese "ladrillo" fundamental para entender su funcionamiento interno. Luego, aprenderemos a conectarlos para formar una red y seguiremos el viaje de los datos a través de ella para generar una predicción. Estás a punto de entender la arquitectura básica del pensamiento artificial.

1. De la Biología a la Matemática: La Neurona Artificial

Inspirada en las neuronas de nuestro cerebro, una neurona artificial es una unidad de cálculo que recibe un conjunto de entradas, las procesa y produce una única salida.

- **El Modelo Matemático:** Su funcionamiento es una aplicación directa del álgebra lineal que ya conoces.

    1. Recibe un **vector de entrada** (X)

    2. Cada entrada es multiplicada por un **peso** (W), que representa su importancia.

    3. Se suman todas las entradas ponderadas (un **producto punto** entre el vector de entrada y el vector de pesos) y se le añade un sesgo (**b**). El resultado es

$$Z = (O \cdot X) + b$$

4. 2. El Interruptor: La Función de Activación

El valor z es el resultado de una combinación lineal. Si solo apiláramos operaciones lineales, una red neuronal profunda no sería más potente que un simple modelo de regresión. La magia ocurre cuando introducimos la **no linealidad** a través de una **función de activación**.

- **Propósito:** Una función de activación toma el valor z y lo transforma. Esta transformación no lineal es lo que permite a la red aprender relaciones complejas.
- **Ejemplos Clave:**
    - **ReLU (Rectified Linear Unit):** La más popular para las capas ocultas. Su regla es simple: max(0, z). Si la entrada es negativa, la salida es 0; si es positiva, la deja pasar.
    - **Sigmoide:** Comprime cualquier valor en un rango entre 0 y 1. Es ideal para la capa de salida en problemas de clasificación binaria (probabilidades).

3. De Ladrillos a Edificios: Las Capas de la Red

Una sola neurona no es muy potente. El poder emerge al organizarlas en **capas**:

- **Capa de Entrada:** Representa los datos iniciales.
- **Capas Ocultas:** Capas intermedias donde ocurre el procesamiento.
- **Capa de Salida:** Produce la predicción final.

En una **capa densa** (la más común), cada neurona está conectada a todas las neuronas de la capa anterior.

4. El Pase hacia Adelante (Forward Propagation): De la Entrada a la Predicción

Este es el proceso de cómo una red genera una predicción. Es una secuencia de las operaciones de álgebra lineal que ya dominas.

El Proceso (Paso a Paso):

1. El vector de entrada ($incógnita$) se presenta a la primera capa.
2. Se realiza una multiplicación de matrices entre la entrada.$incógnita$y la matriz de pesos de la capa ($O^{(1)}$), y se suma el vector de sesgos ($b^{(1)}$).
3. El resultado ($z^{(1)} = O^{(1)}incógnita + b^{(1)}$) se pasa a través de la función de activación (ej. ReLU), produciendo la salida de la primera capa,$a^{(1)}$.
4. $a^{(1)}$se convierte ahora en la entrada para la segunda capa.
5. Se repite el proceso: se multiplica$a^{(1)}$por la matriz de pesos de la segunda capa ($O^{(2)}$), se suma$b^{(2)}$, y se pasa por la activación para obtener$a^{(2)}$.
6. Este viaje continúa hasta que la capa final produce la predicción de la red,$\hat{y}$.

La Ecuación Clave de una Capa:

$$a^{(l)} = g\left(W^{(l)}a^{(l-1)} + b^{(l)}\right)$$

Significado de cada símbolo

Símbolo	Significado	Dimensiones típicas
$a^{(l)}$	vector de activaciones de la capa l	(número de neuronas en la capa l, 1)
$a^{(l-1)}$	vector de activaciones de la capa anterior	(número de neuronas en la capa $l-1$, 1)
$W^{(l)}$	matriz de pesos que conecta la capa $l-1$ con la capa l	(número de neuronas en l, número de neuronas en $l-1$)
$b^{(l)}$	vector de sesgo (bias) de la capa l	(número de neuronas en l, 1)
$g(\cdot)$	función de activación (por ejemplo: sigmoide, ReLU, tanh)	se aplica elemento a elemento

1. Implementación en NumPy

Este código demuestra el cálculo del paso hacia adelante (*forward propagation*) de una capa neuronal:

```
import numpy as np

# ----- Datos de entrada -----

# Supongamos que la capa anterior tiene 3 neuronas

a_prev = np.array([[0.5], [0.8], [0.2]])   # a^(l-1) →
vector columna

# ----- Parámetros de la capa actual -----

# Capa actual tiene 2 neuronas

W = np.array([

    [0.2, 0.4, 0.6],

    [0.1, 0.3, 0.5]

])                                          # W^(l): (2x3)
```

```
b = np.array([[0.1], [0.2]])                    # b^(l): (2x1)

# ----- Función de activación -----

def sigmoid(z):

    return 1 / (1 + np.exp(-z))

# ----- Propagación hacia adelante -----

z = np.dot(W, a_prev) + b                       # z^(l) = W^(l)
* a^(l-1) + b^(l)

a = sigmoid(z)                                  # a^(l) =
g(z^(l))

print("z =\n", z)

print("\na =\n", a)
```

Explicación paso a paso

- np.dot(W, a_prev) multiplica los pesos por las activaciones previas.
- + b agrega el sesgo.
- sigmoid() aplica la función de activación a cada neurona.

Salida típica:

z =

```
[[0.66]
 [0.51]]
```

a =

```
[[0.65926099]
```

[0.62480638]]

2. Implementación equivalente en PyTorch

PyTorch simplifica este proceso y automatiza el cálculo del gradiente para entrenamiento:

```
import torch

import torch.nn.functional as F

# Entradas (tensor columna)

a_prev = torch.tensor([[0.5], [0.8], [0.2]])

# Pesos y bias (con gradientes habilitados)

W = torch.tensor([[0.2, 0.4, 0.6],

                  [0.1, 0.3, 0.5]], requires_grad=True)

b = torch.tensor([[0.1], [0.2]], requires_grad=True)

# Propagación hacia adelante

z = torch.matmul(W, a_prev) + b       # z = W a_prev + b

a = torch.sigmoid(z)                  # a = g(z)

print("z =\n", z)

print("\na =\n", a)
```

En el proceso de **propagación hacia adelante**, cada capa transforma las activaciones de la capa anterior aplicando una combinación lineal seguida de una función de activación no lineal.

Matemáticamente:

$$a^{(l)} = g(W^{(l)}a^{(l-1)} + b^{(l)})$$

En código, este proceso se traduce en una multiplicación matricial (np.dot o torch.matmul), suma del sesgo y aplicación de una función como sigmoid, relu o tanh.

Versión vectorizada (NumPy)

Cuando hay $m$ejemplos simultáneamente, se organizan como **columnas** de una matriz:

$$A^{(l)} = g(W^{(l)}A^{(l-1)} + b^{(l)})$$

donde:

- $A^{(l-1)}$tiene forma (n_{l-1}, m)→ cada columna es un ejemplo,
- $W^{(l)}$tiene forma (n_l, n_{l-1}),
- $b^{(l)}$tiene forma $(n_l, 1)$y se **repite automáticamente** (broadcasting).

```
import numpy as np

# Tres neuronas en la capa anterior, dos en la actual, y
cuatro ejemplos (m=4)

A_prev = np.random.rand(3, 4)  # (3,4)

W = np.random.rand(2, 3)       # (2,3)

b = np.random.rand(2, 1)       # (2,1)

def relu(z):

    return np.maximum(0, z)

Z = np.dot(W, A_prev) + b      # (2,4)

A = relu(Z)                    # (2,4)

print("Z shape:", Z.shape)

print("A shape:", A.shape)
```

Salida:

Z shape: (2, 4)

A shape: (2, 4)

Cada **columna de A** corresponde a las activaciones del mismo *batch* de cuatro ejemplos.

Versión en PyTorch (idéntico concepto)

```
import torch

import torch.nn.functional as F

A_prev = torch.rand(3, 4)  # (n_{l-1}, m)

W = torch.rand(2, 3)       # (n_l, n_{l-1})

b = torch.rand(2, 1)

Z = torch.matmul(W, A_prev) + b

A = F.relu(Z)

print(Z.shape, A.shape)
```

En la práctica, las redes neuronales procesan muchos ejemplos en paralelo para acelerar el entrenamiento.

Si cada ejemplo produce una activación $a_i^{(l)}$, podemos reunirlos en una matriz $A^{(l)} = [a_1^{(l)}, a_2^{(l)}, \ldots, a_m^{(l)}]$.

De este modo, una sola operación matricial:

$$A^{(l)} = g(W^{(l)}A^{(l-1)} + b^{(l)})$$

produce simultáneamente las salidas de todos los ejemplos del *batch*, aprovechando la eficiencia del cálculo vectorizado.

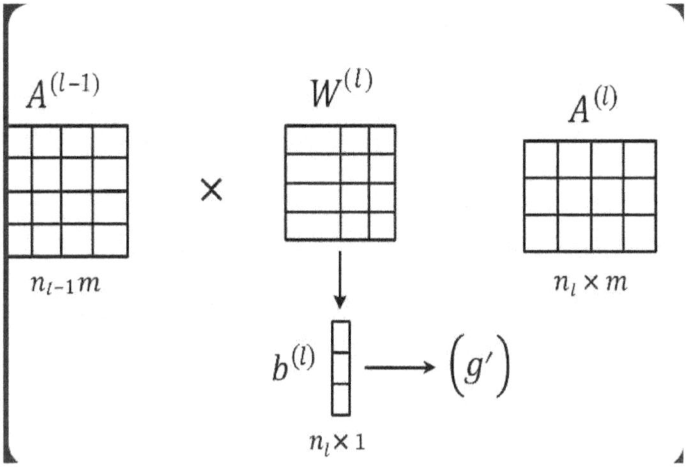

El esquema muestra el **proceso de cálculo dentro de una capa de una red neuronal artificial**, y corresponde directamente a la fórmula

$$a^{(l)} = g(W^{(l)}a^{(l-1)} + b^{(l)})$$

A continuacion la explicación paso a paso del diagrama:

◇ **1. $A^{(l-1)}$: Activaciones de la capa anterior**

- Representa las **salidas (activaciones)** de la capa anterior (o las **entradas** si es la primera capa).
- Es una **matriz de tamaño** $n_{l-1} \times m$, donde:
  - n_{l-1}: número de neuronas en la capa anterior.
  - m: número de ejemplos de entrenamiento (cada columna es un ejemplo).

◇ 2. $W^{(l)}$: **Matriz de pesos de la capa actual**

- Contiene los **pesos sinápticos** que conectan las neuronas de la capa anterior con las de la capa actual.
- Es una matriz de tamaño $n_l \times n_{l-1}$, donde:
  - n_l: número de neuronas en la capa actual.
  - n_{l-1}: número de neuronas en la capa anterior.

◇ 3. **Multiplicación** $W^{(l)}A^{(l-1)}$

- Este producto combina las activaciones previas con los pesos actuales.
- El resultado tiene tamaño $n_l \times m$, y representa la **entrada ponderada** para cada neurona de la capa actual.

◇ 4. $b^{(l)}$: **Vector de sesgo (bias)**

- Es un vector columna de tamaño $n_l \times 1$.
- Se **suma** a cada columna del resultado anterior (se replica a lo largo de los $m$ejemplos).

◇ 5. $g(\cdot)$: **Función de activación**

- La suma $W^{(l)}A^{(l-1)} + b^{(l)}$pasa por la función de activación g(por ejemplo, **sigmoide**, **ReLU**, **tanh**, etc.).
- Esto introduce **no linealidad** en la red.

◇ 6. $A^{(l)}$: **Salida (activaciones) de la capa actual**

- Es el resultado final tras aplicar la función de activación:

$$A^{(l)} = g(W^{(l)}A^{(l-1)} + b^{(l)})$$

Tiene dimensiones $n_l \times m$(una activación por neurona y por ejemplo).

El diagrama representa **cómo cada capa transforma sus entradas en salidas** mediante:

1. Multiplicación por los pesos.
2. Suma del sesgo.
3. Aplicación de una función de activación.

Así, cada capa aprende una transformación progresivamente más abstracta de los datos.

Otro ejemplo

ejemplo numérico paso a paso usando la fórmula

$$a^{(l)} = g(W^{(l)}a^{(l-1)} + b^{(l)})$$

Suposiciones del ejemplo

Tenemos una red **con una sola capa oculta**, donde:

- La **capa anterior** (entrada) tiene **3 neuronas**,
- La **capa actual** tiene **2 neuronas**,

- Y trabajaremos con **1 solo ejemplo** (para hacerlo más claro).

Datos iniciales

Símbolo	Descripción	Valor
$a^{(l-1)}$	Activaciones anteriores (entrada)	$\begin{bmatrix}1\\2\\3\end{bmatrix}$
$W^{(l)}$	Pesos de la capa actual	$\begin{bmatrix}0.2 & 0.4 & 0.6\\0.5 & 0.3 & 0.1\end{bmatrix}$
$b^{(l)}$	Sesgo (bias)	$\begin{bmatrix}0.5\\0.2\end{bmatrix}$
$g(x)$	Función de activación	ReLU = $\max(0, x)$

Paso 1: Multiplicación $W^{(l)}a^{(l-1)}$

$$W^{(l)}a^{(l-1)} = \begin{bmatrix}0.2 & 0.4 & 0.6\\0.5 & 0.3 & 0.1\end{bmatrix}\begin{bmatrix}1\\2\\3\end{bmatrix}$$

$$= \begin{bmatrix}0.2(1) + 0.4(2) + 0.6(3)\\0.5(1) + 0.3(2) + 0.1(3)\end{bmatrix} = \begin{bmatrix}2.6\\1.4\end{bmatrix}$$

Paso 2: Suma con el sesgo $b^{(l)}$

$$Z^{(l)} = W^{(l)}a^{(l-1)} + b^{(l)} = \begin{bmatrix}2.6\\1.4\end{bmatrix} + \begin{bmatrix}0.5\\0.2\end{bmatrix} = \begin{bmatrix}3.1\\1.6\end{bmatrix}$$

Paso 3: Aplicar la función de activación $g(x) = \text{ReLU}(x) = \max(0, x)$

$$a^{(l)} = g(Z^{(l)}) = \begin{bmatrix}\max(0,3.1)\\\max(0,1.6)\end{bmatrix} = \begin{bmatrix}3.1\\1.6\end{bmatrix}$$

Resultado final

$$\boxed{a^{(l)} = \begin{bmatrix}3.1\\1.6\end{bmatrix}}$$

Interpretación

- Cada neurona de la capa actual **recibe una combinación lineal** de las salidas de la capa anterior.
- Luego, el sesgo **desplaza** esa combinación.
- Finalmente, la **función de activación** introduce **no linealidad**, permitiendo que la red aprenda patrones complejos.

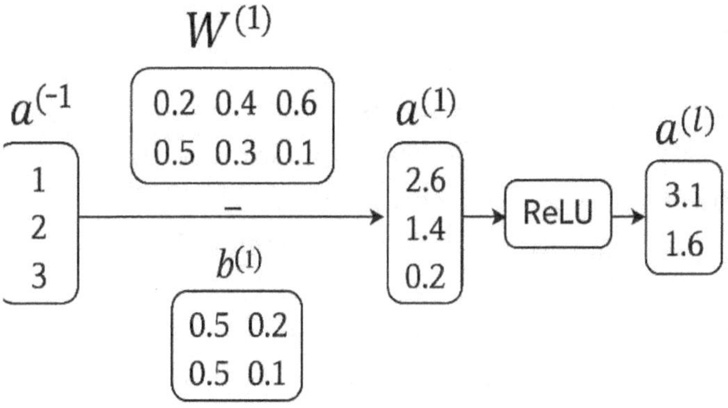

El diagrama representa el **proceso de propagación hacia adelante** (*forward propagation*) en una capa de red neuronal:

1. $a^{(l-1)}\rightarrow$ Son las **activaciones de la capa anterior** (entradas del modelo).

2. $W^{(l)} \rightarrow$ Matriz de **pesos** que conecta las entradas con las neuronas de la capa actual.

3. $b^{(l)} \rightarrow$ Vector de **sesgos (bias)** que se suma al resultado de la multiplicación.

4. Se calcula $Z^{(l)} = W^{(l)} a^{(l-1)} + b^{(l)}$.

5. La función de activación **ReLU** transforma los valores negativos en 0 y deja pasar los positivos.

6. El resultado final $a^{(l)} = g(Z^{(l)})$son las **activaciones de salida** de esa capa.

Muestra cómo las entradas se combinan con pesos y sesgos, y luego pasan por una función de activación para producir la salida de la capa.

Resumen del Capítulo

En este capítulo, hemos construido la base del Deep Learning. Hemos desglosado la **neurona artificial**, entendiendo que su núcleo es una operación de **producto punto** seguida de una **función de activación** no lineal. Vimos que estas neuronas se apilan en **capas** para formar una red. Y lo más importante, hemos trazado el camino de los datos a través de la red en un **pase hacia adelante**, un proceso que no es más que una elegante secuencia de multiplicaciones de matrices y activaciones, conceptos que ya nos son familiares.

Preguntas de Repaso con Respuesta

1. **Pregunta:** ¿Cuál es la operación de álgebra lineal que constituye el núcleo del cálculo de una neurona?

- **Respuesta:** El **producto punto** entre el vector de entradas y el vector de pesos.

2. **Pregunta:** ¿Por qué son cruciales las funciones de activación no lineales en una red neuronal?
   - **Respuesta:** Porque sin ellas, una red neuronal de múltiples capas sería matemáticamente equivalente a una única capa lineal. La no linealidad es lo que permite a la red aprender patrones y relaciones complejas en los datos.
3. **Pregunta:** ¿Qué es una "capa densa"?
   - **Respuesta:** Es una capa en la que cada neurona está conectada a todas las neuronas de la capa inmediatamente anterior.
4. **Pregunta:** ¿Qué es el "pase hacia adelante" (Forward Propagation)?
   - **Respuesta:** Es el proceso de calcular la salida o predicción de una red neuronal, pasando los datos de entrada a través de cada capa, desde la primera hasta la última.
5. **Pregunta:** Si estás construyendo una red para un problema de clasificación binaria, ¿qué función de activación es la más adecuada para la neurona de la capa de salida?

- **Respuesta:** La función **Sigmoide**, porque su salida entre 0 y 1 puede ser interpretada como una probabilidad.

Ejercicios Prácticos

1. Ejercicio 1: Calculando una Neurona.

Una neurona con activación ReLU tiene 2 entradas, x = [3, -2], con pesos w = [0.5, 1] y un sesgo b = -1. Calcula a mano la salida final de la neurona.

2. Ejercicio 2: Diseñando una Arquitectura.

Estás diseñando una red para clasificar imágenes de ropa en 10 categorías (camisa, pantalón, etc.). Si las imágenes son de 28x28 píxeles en escala de grises, ¿cuántas neuronas necesitarías en tu capa de entrada? ¿Y en tu capa de salida?

3. Ejercicio 3: El Viaje de los Datos.

Describe con tus propias palabras qué le sucede a un vector de datos de entrada a medida que pasa a través de dos capas densas de una red neuronal durante el pase hacia adelante.

Capítulo 16: El Mecanismo del Aprendizaje: Gradientes y Backpropagation

Objetivos del Capítulo

Al finalizar este capítulo, serás capaz de:

- **Comprender** el rol de la **función de coste** para medir el error de un modelo.
- **Entender** la intuición del **Descenso del Gradiente** como el algoritmo de optimización.
- **Comprender** conceptualmente qué es y qué resuelve la **Retropropagación (Backpropagation)**.
- **Visualizar** el ciclo completo de aprendizaje de una red neuronal.

Introducción al Capítulo

Hemos ensamblado una red neuronal, pero cuando la iniciamos, sus pesos son aleatorios. Sus primeras predicciones serán, francamente, terribles. Es como un niño que da su primer paso y se cae. La pregunta fundamental es: ¿cómo aprende de esa caída para ajustar su equilibrio y hacerlo mejor la próxima vez?

Este capítulo desvela ese mecanismo de aprendizaje. Es un elegante baile en dos actos. Primero, medimos qué tan "malo" fue el error con una **función de coste**. Luego, usamos un algoritmo llamado **Descenso del Gradiente** para saber en qué dirección ajustar los millones de "tornillos" (pesos) de la red para reducir ese error. Finalmente, entenderás la intuición detrás del famoso y casi mágico algoritmo de **Backpropagation**, el ingenioso método que calcula exactamente cuánto girar cada uno de esos tornillos.

1. ¿Cómo Sabe una Red que Está Equivocada? La Función de Coste

Antes de poder mejorar, la red necesita una forma de cuantificar su error. La **función de coste** (o función de pérdida) hace precisamente esto. Compara la predicción de la red con la respuesta correcta y produce un único número: un valor de coste alto significa un error grande; un valor bajo significa que la predicción fue buena.

Analogía: Imagina que estás en una cordillera montañosa con una niebla muy densa y tu objetivo es llegar al punto más bajo (el valle). Tu altitud actual es el **valor del coste**. Quieres minimizar esa altitud.

2. Descenso del Gradiente: El Camino Cuesta Abajo

No puedes ver el valle (la solución perfecta), pero puedes sentir la inclinación del suelo bajo tus pies. Esta inclinación es el **gradiente**.

- **El Gradiente (∇J):** En nuestro paisaje montañoso, el gradiente es un **vector** que siempre apunta en la dirección de la pendiente más pronunciada **hacia arriba**.

- **El Algoritmo:** El Descenso del Gradiente es un algoritmo iterativo muy simple:

    1. Calcula el gradiente en tu posición actual.
    2. Da un pequeño paso en la **dirección exactamente opuesta** al gradiente.
    3. Repite.

Al dar repetidamente pequeños pasos cuesta abajo, eventualmente llegarás al fondo de un valle. En una red neuronal, los "pasos" son pequeños ajustes a los millones de pesos del modelo, y el "valle" es el conjunto de pesos que produce el menor error posible. La famosa regla de actualización que vimos en el Álgebra Lineal es la que se aplica:

$$O = O - \eta \frac{\partial J}{\partial W}$$

$$b = b - \eta \frac{\partial J}{\partial b}$$

donde η es la tasa de aprendizaje o el tamaño de nuestro paso.

- $O = O - \ldots$: "Los nuevos pesos son iguales a los pesos antiguos menos..."
- $b = b - \ldots$: "Los nuevos sesgos son iguales a los sesgos antiguos menos..."
- η: La tasa de aprendizaje (el tamaño del paso).
- $\frac{\partial J}{\partial W}$: Es el gradiente de la función de coste (J) con respecto a los pesos (O). Es el vector que te dice la "inclinación" o la dirección en la que debes ajustar los pesos para reducir el error.
- $\frac{\partial J}{\partial b}$: El gradiente del coste con respecto a los sesgos.

3. El Gran Secreto: La Retropropagación del Error (Backpropagation)

El Descenso del Gradiente es simple, pero nos deja con una pregunta de un millón de dólares: ¿cómo calculamos eficientemente el gradiente, es decir, la contribución de *cada uno de los millones de pesos* al error final?

Hacerlo por fuerza bruta es computacionalmente imposible. La solución es **Backpropagation**.

- La Intuición (Distribuir la Culpa):

Backpropagation es un algoritmo ingenioso que propaga la señal del error hacia atrás a través de la red.

1. Primero, calcula el error en la **capa de salida**. Es fácil saber cuánto se equivocaron las últimas neuronas.
2. Luego, este error "viaja" a la capa anterior. La capa de salida le dice a la capa oculta: "Este fue el error total, y *tú* contribuiste de esta manera, basándote en la fuerza de tus conexiones (pesos)".
3. La capa oculta, a su vez, calcula su propia contribución al error y pasa el mensaje de "culpa" a la capa anterior.
4. Este proceso continúa hacia atrás hasta llegar a la primera capa. Al final de este pase hacia atrás, cada peso en la red ha

recibido una señal que le dice exactamente cuánto contribuyó al error total. Esa señal es su gradiente.

El ciclo completo de aprendizaje es, por tanto, una danza de dos fases:

1. **Pase hacia Adelante:** Los datos fluyen hacia adelante para hacer una predicción.
2. **Pase hacia Atrás:** El error fluye hacia atrás para calcular todos los gradientes.
3. **Actualización:** Se aplica el Descenso del Gradiente para ajustar todos los pesos.

Resumen del Capítulo

Hemos desvelado el "milagro" del aprendizaje en las redes neuronales. Entendimos que el proceso comienza midiendo el error con una **función de coste**. El algoritmo de **Descenso del Gradiente** nos da la estrategia para minimizar este error: dar pequeños pasos en la dirección opuesta al **gradiente**. Finalmente, comprendimos la intuición de **Backpropagation** como el algoritmo increíblemente eficiente que calcula este gradiente para cada peso, propagando una señal de error hacia atrás a través de la red. Este ciclo de pase hacia adelante, pase hacia atrás y actualización es el corazón que late en todo el Deep Learning.

Preguntas de Repaso con Respuesta

1. **Pregunta:** ¿Cuál es el propósito de una función de coste?

- **Respuesta:** Cuantificar el error de un modelo en una sola cifra, comparando sus predicciones con los resultados correctos. El objetivo del entrenamiento es minimizar este valor.

2. **Pregunta:** En el algoritmo de Descenso del Gradiente, ¿en qué dirección nos movemos con respecto al gradiente y por qué?

   - **Respuesta:** Nos movemos en la **dirección opuesta** al gradiente. El gradiente apunta hacia el ascenso más pronunciado de la función de coste, por lo que la dirección opuesta es el descenso más pronunciado.

3. **Pregunta:** ¿Qué problema fundamental resuelve el algoritmo de Backpropagation?

   - **Respuesta:** Resuelve el problema de calcular de manera eficiente el gradiente de la función de coste con respecto a cada uno de los millones de pesos en una red neuronal profunda.

4. **Pregunta:** Describe el ciclo de aprendizaje de una red en dos "pases".

   - **Respuesta:** El **Pase hacia Adelante (Forward Pass)**, donde los datos de entrada fluyen hacia adelante para generar una predicción, y el **Pase hacia Atrás (Backward Pass)**, donde la información del error fluye hacia atrás para calcular los gradientes.

5. **Pregunta:** ¿Qué es la "tasa de aprendizaje"

$$(\eta)$$

    - **Respuesta:** Es un hiperparámetro que controla el tamaño de los "pasos" que da el algoritmo de Descenso del Gradiente al actualizar los pesos. Un valor demasiado grande puede hacer que el modelo no converja, y uno demasiado pequeño puede hacer que el aprendizaje sea muy lento.

Ejercicios Prácticos

1. Ejercicio 1: La Tasa de Aprendizaje.

Dibuja una curva en forma de U (que represente una función de coste simple). Dibuja lo que sucedería si, estando en un punto alto de la curva, intentas llegar al mínimo usando una tasa de aprendizaje (a) apropiada, (b) demasiado grande y (c) demasiado pequeña.

2. Ejercicio 2: La Culpa Compartida.

Usa una analogía del mundo real (diferente a la de un equipo de trabajo, ej. un rumor que se esparce y cambia, una receta con varios cocineros) para explicar la idea de "propagar el error hacia atrás".

3. Ejercicio 3: Conectando Conceptos.

¿Qué operación de Álgebra Lineal, que aprendimos en el capítulo 5, es fundamental para que el error se propague hacia atrás a través de las capas en Backpropagation? (Pista: tiene que ver con cómo se transforma la información entre capas).

Capítulo 17: Visión por Computadora: Construyendo Redes Neuronales Convolucionales (CNNs)

Objetivos del Capítulo

Al finalizar este capítulo, serás capaz de:

- **Comprender** por qué las redes densas no son adecuadas para tareas de visión por computadora.
- **Entender** la función de los dos bloques de construcción clave de una CNN: las capas de **Convolución** y **Pooling**.
- **Construir** una arquitectura de Red Neuronal Convolucional (CNN) completa usando Keras.
- **Entrenar** tu primera CNN para clasificar imágenes de dígitos escritos a mano.

Introducción al Capítulo

La visión humana es una maravilla. No vemos un millón de píxeles inconexos; vemos objetos, texturas y relaciones espaciales. Una red neuronal densa, al aplanar una imagen en un vector gigante, destruye toda esa rica estructura espacial. Además, necesitaría una cantidad astronómica de parámetros para procesar una imagen de tamaño modesto.

Para resolver esto, los pioneros de la IA se inspiraron en el córtex visual humano y crearon las **Redes**

Neuronales Convolucionales (CNNs). En lugar de conectar cada píxel con cada neurona, las CNNs utilizan "filtros" inteligentes que escanean la imagen en busca de patrones locales (bordes, esquinas, texturas). En este capítulo, construiremos estos "ojos" artificiales y te maravillarás de su eficiencia y poder para interpretar el mundo visual.

1. Los Ladrillos de la Visión: Convolución y Pooling

Una CNN construye su comprensión del mundo visual utilizando dos tipos de capas especializadas que se apilan una y otra vez.

- La Capa de Convolución (Conv2D): El Detector de Patrones

Esta es la capa principal. En lugar de aprender un peso para cada píxel, aprende un conjunto de filtros (o kernels).

  - **Intuición:** Un filtro es una pequeña matriz (ej. 3x3) que actúa como un detector de características. Este filtro se desliza por toda la imagen. En cada posición, si el patrón del filtro (ej. un borde vertical) coincide con la porción de la imagen que está viendo, produce una activación alta.
  - **Resultado:** La salida de esta capa es un conjunto de "mapas de características"

que indican dónde se encontraron los diferentes patrones en la imagen.

- La Capa de Pooling (MaxPooling2D): El Reductor de Escala

Después de una convolución, a menudo tenemos mapas de características muy grandes. El "pooling" los hace más pequeños y manejables.

  - **Intuición:** La operación más común, MaxPooling, desliza una ventana (ej. 2x2) sobre el mapa de características y se queda solo con el valor más alto de esa ventana.
  - **Propósito:** Reduce drásticamente la cantidad de cómputo y hace que el modelo sea más robusto. Al quedarse con la señal más fuerte de una zona, al modelo no le importa la posición *exacta* del patrón, solo que esté presente.

2. La Arquitectura Clásica de una CNN

Una CNN típica se parece a una línea de ensamblaje:

1. **Base Convolucional:** Una secuencia de bloques Conv2D y MaxPooling2D que actúan como el "sistema de visión" para extraer características cada vez más complejas.

2. **Puente (Flatten):** Una capa que toma los mapas de características 2D finales y los "aplana" en un único y largo vector.
3. **Cabeza Clasificadora:** Una o más capas Dense (las que ya conocemos) que toman ese vector y realizan la clasificación final.

3. Implementación Práctica con Keras: Clasificando Dígitos (MNIST)

El dataset MNIST de dígitos escritos a mano es el "Hola, Mundo" de la visión por computadora.

- **Paso 1: Carga y Preparación de Datos**

Python

```
import tensorflow as tf

from tensorflow import keras

(X_train, y_train), (X_test, y_test) =
keras.datasets.mnist.load_data()

# Normalizar píxeles a un rango de 0-1

X_train = X_train / 255.0

X_test = X_test / 255.0

# Añadir una dimensión para el canal de color

X_train = X_train[..., tf.newaxis]

X_test = X_test[..., tf.newaxis]
```

- **Paso 2: Construir el Modelo CNN**

Python

```
model = keras.Sequential([

# input_shape es alto, ancho, canales

keras.layers.Conv2D(32, kernel_size=(3, 3),
activation='relu', input_shape=(28, 28, 1)),

keras.layers.MaxPooling2D(pool_size=(2, 2)),

keras.layers.Conv2D(64, kernel_size=(3, 3),
activation='relu'),

keras.layers.MaxPooling2D(pool_size=(2, 2)),

keras.layers.Flatten(),

keras.layers.Dense(128, activation='relu'),

keras.layers.Dense(10, activation='softmax') # 10 neuronas
para 10 dígitos (0-9)

])
```

- **Paso 3: Compilar y Entrenar**

Python

```
model.compile(optimizer='adam',

loss='sparse_categorical_crossentropy',

metrics=['accuracy'])

model.fit(X_train, y_train, epochs=5,
validation_data=(X_test, y_test))
```

Observarás que la precisión ("accuracy") sube rápidamente, a menudo superando el 99%.

Resumen del Capítulo

En este capítulo, hemos construido nuestro primer modelo de visión por computadora. Entendimos que las

Redes Neuronales Convolucionales (CNNs):

Son la arquitectura estándar para imágenes porque respetan su estructura espacial. Aprendimos que su poder reside en las capas Conv2D, que aprenden a detectar patrones, y en las capas MaxPooling2D, que hacen la representación más compacta. Finalmente, ensamblamos y entrenamos una CNN completa en Keras, logrando una alta precisión en la tarea de clasificación de dígitos.

Preguntas de Repaso con Respuesta

1. **Pregunta:** ¿Cuál es la función principal de una capa Conv2D?
   - **Respuesta:** Actuar como un detector de características. Aprende un conjunto de filtros (kernels) que escanean la imagen para encontrar patrones específicos como bordes, texturas o formas.
2. **Pregunta:** ¿Para qué sirve una capa de MaxPooling2D?
   - **Respuesta:** Sirve para reducir la dimensionalidad de los mapas de características, lo que disminuye la carga computacional y ayuda a que el modelo sea más robusto a pequeñas traslaciones de las características en la imagen.
3. **Pregunta:** ¿Cuál es el propósito de la capa Flatten en una CNN?

- o **Respuesta:** Actúa como un puente entre la base convolucional (que trabaja con datos 2D/3D) y la cabeza clasificadora (que trabaja con datos 1D). Aplanan los mapas de características en un único vector largo.

4. **Pregunta:** ¿Por qué es preferible una CNN a una red densa para una tarea de clasificación de imágenes?

    - o **Respuesta:** Porque una CNN utiliza parámetros compartidos (los kernels se aplican en toda la imagen) y preserva la información espacial, lo que la hace mucho más eficiente en parámetros y más efectiva para aprender patrones visuales.

5. **Pregunta:** En Keras, si la capa de salida de un clasificador de imágenes tiene 10 neuronas, ¿qué función de activación es la más apropiada?

    - o **Respuesta:** La función softmax, porque convierte las salidas de las 10 neuronas en una distribución de probabilidad, donde la suma de todas las probabilidades es 1.

Ejercicios Prácticos

1. Ejercicio 1: La Jerarquía de Patrones.

Explica con tus propias palabras cómo una CNN podría usar los patrones simples aprendidos en las primeras capas (bordes, curvas) para reconocer un patrón más complejo (un ojo) en capas más profundas.

2. Ejercicio 2: Modificando la Arquitectura.

Toma el código de la CNN del capítulo. ¿Qué pasaría con el número de parámetros del modelo (puedes usar model.summary() para verlo) si eliminas las dos capas de MaxPooling2D?

3. Ejercicio 3: Haciendo una Predicción.

Escribe el código necesario para tomar una sola imagen del conjunto de prueba (X_test), usar el modelo entrenado para predecir a qué dígito corresponde, y usar Matplotlib para visualizar esa imagen y comprobar si la predicción fue correcta.

Capítulo 18: Procesamiento del Lenguaje Natural: Construyendo Redes Recurrentes

Objetivos del Capítulo

Al finalizar este capítulo, serás capaz de:

- **Comprender** el desafío de representar texto como números y la solución de los **Word Embeddings**.
- **Entender** la arquitectura de una **Red Neuronal Recurrente (RNN)** y su concepto de "memoria".
- **Diferenciar** entre una RNN simple y arquitecturas más avanzadas como **LSTM**.
- **Construir y entrenar** una red para una tarea de clasificación de texto (análisis de sentimiento) usando Keras.

Introducción al Capítulo

Hemos conquistado el dominio de las imágenes, pero ¿cómo abordamos el lenguaje humano? El texto es un tipo de dato fundamentalmente diferente: es una **secuencia**. El orden de las palabras lo es todo; "el perro persigue al gato" no significa lo mismo que "el gato persigue al perro". Las CNNs, expertas en patrones espaciales, no están diseñadas para interpretar este orden secuencial.

Para resolver esto, necesitamos una nueva arquitectura: las **Redes Neuronales Recurrentes (RNNs)**. Estas redes están diseñadas con una especie de "memoria", permitiéndoles recordar información de los pasos anteriores de una secuencia mientras procesan el presente. En este capítulo, aprenderemos a convertir palabras en vectores que capturan su significado y a construir un modelo que puede leer una frase y entender su sentimiento.

1. De Palabras a Vectores: Word Embeddings

Las redes neuronales necesitan números. El primer paso siempre es convertir nuestro texto en una representación numérica. La solución estándar en Deep Learning son los **Word Embeddings**.

- **El Concepto:** Un *embedding* es un **vector denso** de números que representa una palabra. La magia reside en que la posición de este vector en un espacio de alta dimensionalidad captura el **significado semántico** de la palabra. Palabras con significados similares (ej. 'rey' y 'reina') tendrán vectores cercanos.
- **En Keras:** La capa Embedding actúa como una tabla de consulta: se le da un número entero (el ID de una palabra) y devuelve el vector de embedding correspondiente. Lo mejor es que estos vectores se pueden aprender durante el entrenamiento.

2. La Arquitectura de la Memoria: Redes Neuronales Recurrentes (RNNs)

Una RNN procesa una secuencia un elemento a la vez (palabra por palabra).

- **El Bucle:** En cada paso, la red toma dos entradas: el embedding de la palabra actual y el **estado oculto** (hidden state) del paso anterior. El estado oculto es un vector que actúa como la **memoria** de la red, un resumen de todo lo que ha leído hasta ese momento. Con estas dos entradas, la RNN produce una salida para este paso y el **nuevo estado oculto** que pasará al siguiente.

3. El Problema de la Memoria a Largo Plazo y su Solución: LSTM

Las RNNs simples (SimpleRNN en Keras) sufren del "problema del desvanecimiento del gradiente": su memoria es a corto plazo. Les cuesta mucho trabajo conectar eventos que ocurren al principio de una frase larga con los que ocurren al final.

- **La Solución:** Arquitecturas más avanzadas como **LSTM** (Long Short-Term Memory).
    - **Intuición:** Piensa en las LSTM como RNNs con "compuertas" internas que aprenden a controlar el flujo de

información. Deciden qué información de la memoria es importante y debe **mantenerse**, qué debe **olvidarse** y qué nueva información debe **añadirse**. Esto les da una memoria a largo plazo mucho más efectiva.

4. Implementación Práctica: Análisis de Sentimiento (IMDB)

Vamos a construir un modelo que lee reseñas de películas y las clasifica como positivas o negativas.

- Paso 1: Carga y Preparación de Datos

Keras nos da acceso al dataset IMDB, ya pre-procesado como secuencias de números.

Python

```
from tensorflow import keras

# Cargamos solo las 10,000 palabras más frecuentes

(X_train, y_train), (X_test, y_test) =
keras.datasets.imdb.load_data(num_words=10000)

# Las reseñas tienen diferente longitud. Usamos 'padding'
para hacerlas todas iguales.

X_train =
keras.preprocessing.sequence.pad_sequences(X_train,
maxlen=256)

X_test = keras.preprocessing.sequence.pad_sequences(X_test,
maxlen=256)
```

- **Paso 2: Construir el Modelo LSTM**

Python

```
model = keras.Sequential([

# 1. Capa de Embedding para crear los vectores de palabras.

keras.layers.Embedding(input_dim=10000, output_dim=128),

# 2. Capa LSTM para procesar la secuencia de vectores.

keras.layers.LSTM(128),

# 3. Capa de salida para la clasificación binaria.

keras.layers.Dense(1, activation='sigmoid')

])
```

- **Paso 3: Compilar y Entrenar**

Python

```
model.compile(optimizer='adam',

loss='binary_crossentropy',

metrics=['accuracy'])

model.fit(X_train, y_train, epochs=5, validation_split=0.2)
```

Resumen del Capítulo

Hemos abierto la puerta al Procesamiento del Lenguaje Natural. Aprendimos que el texto debe ser convertido a **Word Embeddings**, vectores que capturan el significado. Descubrimos que las **Redes Neuronales Recurrentes (RNNs)** son la arquitectura ideal para procesar secuencias gracias a su **estado oculto** que actúa como memoria. Vimos que las **LSTM** son versiones avanzadas que resuelven el problema de la memoria a largo plazo. Finalmente, construimos un modelo completo para realizar análisis de sentimiento.

Preguntas de Repaso con Respuesta

1. **Pregunta:** ¿Qué es un Word Embedding?
   - **Respuesta:** Es una representación vectorial densa de una palabra, donde la posición del vector en el espacio captura su significado semántico y sus relaciones con otras palabras.
2. **Pregunta:** ¿Por qué las RNNs son adecuadas para procesar texto, a diferencia de las redes densas?
   - **Respuesta:** Porque las RNNs procesan los datos de forma secuencial y utilizan un "estado oculto" para mantener una memoria del contexto anterior, lo cual es crucial para entender el lenguaje, donde el orden de las palabras importa.
3. **Pregunta:** ¿Cuál es la principal limitación de una SimpleRNN y qué arquitecturas la solucionan?
   - **Respuesta:** Su principal limitación es la dificultad para manejar dependencias a largo plazo (memoria a corto plazo). Arquitecturas como **LSTM** y **GRU** lo solucionan con mecanismos de "compuertas".
4. **Pregunta:** En el preprocesamiento de texto para una RNN, ¿cuál es el propósito de la técnica de "padding"?

- **Respuesta:** Asegurar que todas las secuencias de texto en un lote tengan la misma longitud, añadiendo valores de relleno (normalmente ceros) a las secuencias más cortas. Es un requisito técnico para el procesamiento eficiente en lote.

5. **Pregunta:** ¿Qué hace la capa Embedding en un modelo de Keras?
   - **Respuesta:** Actúa como una tabla de consulta que convierte secuencias de números enteros (IDs de palabras) en secuencias de vectores densos (word embeddings).

Ejercicios Prácticos

1. **Ejercicio 1:** Escribe una frase corta donde cambiar el orden de solo dos palabras cambie completamente el significado. Explica por qué una red que no considera el orden (como una red densa) fallaría en entender la diferencia.
2. **Ejercicio 2:** Toma el código del capítulo y reemplaza la capa keras.layers.LSTM(128) por una capa keras.layers.SimpleRNN(128). Vuelve a entrenar el modelo. ¿El rendimiento es muy diferente?
3. **Ejercicio 3:** Investiga qué es una GRU (Gated Recurrent Unit). ¿En qué se diferencia de una LSTM y por qué podría ser preferible en algunas situaciones?

Capítulo 19: La Revolución Transformer: La Arquitectura Detrás de GPT

Objetivos del Capítulo

Al finalizar este capítulo, serás capaz de:

- **Comprender** las limitaciones del procesamiento secuencial de las RNNs.
- **Entender** el concepto revolucionario del mecanismo de **auto-atención (self-attention)**.
- **Describir** la arquitectura de alto nivel de un Transformer.
- **Reconocer** por qué los Transformers son la base de los Modelos de Lenguaje Grandes (LLMs).

Introducción al Capítulo

Hemos visto que las RNNs y las LSTMs son inteligentes, pero tienen una limitación fundamental: son como un lector que lee una palabra a la vez, en estricto orden. Esto las hace lentas e ineficientes para procesar textos largos y les dificulta conectar palabras que están muy separadas. En 2017, un artículo de investigación titulado "Attention Is All You Need" ("Atención es Todo lo que Necesitas") propuso una arquitectura que lo cambió todo: el **Transformer**.

Esta nueva arquitectura eliminó por completo la recurrencia y la reemplazó con un mecanismo ingenioso llamado **auto-atención**. En lugar de procesar palabra por palabra, un Transformer puede "mirar" todas las palabras de una frase a la vez y, para cada una, decidir qué otras palabras son las más importantes para entender su contexto. En este capítulo, desvelaremos la intuición detrás de esta idea que ha impulsado la creación de los modelos de lenguaje más potentes que existen.

1. Las Limitaciones de la Recurrencia

Las RNNs, al procesar una secuencia paso a paso, enfrentan dos problemas clave:

1. **Falta de Paralelización:** No pueden aprovechar el poder de las GPUs modernas, que están diseñadas para realizar miles de cálculos en paralelo.
2. **Problemas de Dependencia a Largo Plazo:** A pesar de las mejoras de las LSTM, conectar el significado de la primera palabra de un párrafo con la última sigue siendo un desafío.

2. El Mecanismo de "Auto-Atención" (Self-Attention)

La auto-atención es la innovación central y brillante del Transformer.

- **La Intuición:** Cuando lees la frase "El robot dejó caer la bola porque **esta** era demasiado pesada", tu cerebro instantáneamente sabe que "**esta**" se refiere a la "bola", no al "robot". La auto-atención le da a la red esta misma capacidad. Para cada palabra, el mecanismo de auto-atención asigna una "puntuación de atención" a todas las demás palabras de la frase, indicando su relevancia para entender el contexto de la palabra actual.

- **La Ventaja Clave:** Esto sucede **en paralelo** para todas las palabras a la vez. No hay un bucle secuencial. Cualquier palabra puede "atender" directamente a cualquier otra, sin importar lo lejos que esté, resolviendo el problema de las dependencias a largo plazo de forma elegante.

3. La Arquitectura Transformer

El Transformer se compone de dos partes principales:

- **El Encoder:** Su trabajo es "leer" y "entender" la frase de entrada. Consiste en una pila de capas que aplican la auto-atención para que las representaciones de las palabras se enriquezcan cada vez más con el contexto de toda la frase.
- **El Decoder:** Su trabajo es generar la frase de salida, palabra por palabra. En cada paso, no solo se presta atención a las palabras que ya ha generado, sino que también "mira" las representaciones contextualizadas que le entrega el encoder.

Dato Clave: Los modelos modernos a menudo usan solo una parte de esta arquitectura.

- **Modelos como BERT** usan la pila de **Encoders**. Son excelentes para tareas de "comprensión" del lenguaje.
- **Modelos como GPT** usan la pila de **Decoders**. Son excelentes para tareas de "generación" de lenguaje.

4. La Era de los Modelos de Lenguaje Grandes (LLMs)

Los Transformers son la razón por la que existen los LLMs. Su eficiencia y escalabilidad permitieron a los investigadores entrenar modelos en conjuntos de datos masivos y con miles de millones de parámetros, dando lugar a las capacidades emergentes que vemos en la IA generativa actual.

Resumen del Capítulo

En este capítulo, hemos explorado la arquitectura **Transformer**, el motor de la IA moderna. Vimos que supera las limitaciones de las RNNs al eliminar el procesamiento secuencial. Su innovación clave es el mecanismo de **auto-atención**, que permite a la red sopesar la importancia de todas las palabras de una secuencia en paralelo. Entendimos su estructura general de **Encoder-Decoder** y reconocimos por qué su escalabilidad ha dado lugar a los modelos de lenguaje más potentes que existen.

Preguntas de Repaso con Respuesta

1. **Pregunta:** ¿Cuál es la principal limitación de las RNNs que los Transformers solucionan?
   - **Respuesta:** Su naturaleza secuencial, que impide el procesamiento en paralelo y dificulta la captura de dependencias a largo plazo.
2. **Pregunta:** ¿Cuál es la idea intuitiva detrás del mecanismo de "auto-atención"?
   - **Respuesta:** Es la capacidad del modelo de, para cada palabra, sopesar la relevancia de todas las demás palabras en la misma secuencia para entender mejor el contexto de esa palabra específica.
3. **Pregunta:** ¿Cuáles son las dos partes principales de la arquitectura Transformer original?
   - **Respuesta:** El **Encoder**, que procesa la secuencia de entrada, y el **Decoder**, que genera la secuencia de salida.
4. **Pregunta:** ¿Por qué los Transformers son, en general, más rápidos de entrenar que las RNNs en hardware moderno?
   - **Respuesta:** Porque pueden procesar todos los elementos de una secuencia de entrada en paralelo, aprovechando al máximo la capacidad de las GPUs.

5. **Pregunta:** ¿Qué tipo de modelos (como GPT) suelen utilizar principalmente la parte del "Decoder" de la arquitectura Transformer?
   - **Respuesta:** Los modelos generativos, cuyo objetivo principal es generar texto nuevo de manera coherente.

Ejercicios Prácticos

1. **Ejercicio 1:** Considera la frase: "Le di al perro un hueso porque estaba contento". Explica a qué palabra crees que la palabra "estaba" debería prestarle más atención y por qué.
2. **Ejercicio 2:** Investiga y nombra una aplicación de IA para la cual un modelo basado en Encoder (como BERT) sería más adecuado, y otra para la cual un modelo basado en Decoder (como GPT) sería la mejor opción.
3. **Ejercicio 3:** Busca el artículo de investigación original de 2017 titulado "Attention Is All You Need". Encuentra el famoso diagrama de la arquitectura Transformer y observa visualmente cómo se apilan los bloques de Encoder y Decoder.

Capítulo 20: Técnicas de Entrenamiento Avanzadas: Transfer Learning y Más Allá

Objetivos del Capítulo

Al finalizar este capítulo, serás capaz de:

- **Utilizar Callbacks** de Keras para controlar y automatizar el proceso de entrenamiento.
- **Comprender** y aplicar la técnica más importante del Deep Learning práctico: el **Transfer Learning**.
- **Construir** un modelo de alto rendimiento para clasificación de imágenes con muy pocos datos.
- **Guardar y cargar** un modelo entrenado para su uso posterior.

Introducción al Capítulo

Entrenar un modelo de Deep Learning puede ser un proceso largo y costoso. Puede llevar horas o incluso días. ¿Qué pasa si el modelo deja de mejorar a mitad de camino? ¿Qué pasa si se interrumpe la conexión? ¿Y realmente necesitamos empezar desde cero cada vez?

Este capítulo te enseñará el "arte del entrenamiento". Pasaremos de ser simples constructores de modelos a ser entrenadores expertos. Aprenderás a usar "asistentes" automáticos llamados **Callbacks** para vigilar tu entrenamiento. Y lo más importante, desvelaremos el "superpoder" del Deep Learning aplicado: el **Transfer Learning**, una técnica que te permite tomar un modelo de clase mundial entrenado por gigantes como Google y adaptarlo para tus propios problemas, logrando resultados de vanguardia en una fracción del tiempo.

1. Controlando el Proceso con Callbacks

Los Callbacks son herramientas que puedes pasar al método .fit() para que realicen acciones durante el entrenamiento.

- EarlyStopping (Parada Temprana):

Este callback monitorea una métrica (normalmente la pérdida en el conjunto de validación, val_loss). Si la métrica no mejora durante un número de épocas que tú defines (patience), detiene el entrenamiento automáticamente. Su función es ahorrar tiempo y prevenir el sobreajuste.

- ModelCheckpoint (Punto de Control):

Este callback guarda tu modelo en un archivo a medida que entrena. Puedes configurarlo para que solo guarde la "mejor" versión del modelo vista hasta el momento. Esto asegura que siempre tendrás el mejor modelo, incluso si el entrenamiento se interrumpe.

Python

```
from tensorflow.keras.callbacks import EarlyStopping,
ModelCheckpoint
```

```
early_stopping = EarlyStopping(monitor='val_loss',
patience=5)

model_checkpoint = ModelCheckpoint('mejor_modelo.keras',
save_best_only=True)

# Al entrenar, los pasas en una lista:

# model.fit(..., callbacks=[early_stopping,
model_checkpoint])
```

2. El Superpoder del Transfer Learning

¿Por qué entrenar una CNN desde cero con mil imágenes de gatos y perros, si Google ya ha entrenado una red en millones de imágenes (ImageNet) que ya es experta en detectar bordes, texturas, ojos, pelaje y formas? El **Transfer Learning** consiste en aprovechar ese conocimiento.

- **La Estrategia:**

    1. **Cargar una Base Pre-entrenada:** Importamos una arquitectura famosa (ej. MobileNetV2) con los pesos que aprendió de ImageNet.

    2. **Congelar la Base:** Bloqueamos los pesos de esas capas (trainable = False). No queremos arruinar su conocimiento experto.

    3. **Añadir tu Propia Cabeza:** Añadimos nuestras propias capas Dense en la parte superior, diseñadas para nuestro

problema específico (ej. clasificar 'gato' vs 'perro').

4. **Entrenar solo la Cabeza:** Entrenamos este modelo híbrido. Solo se actualizarán los pesos de nuestra nueva "cabeza" clasificadora.

3. Implementación Práctica: Transfer Learning

Problema: Clasificar imágenes de gatos y perros.

- **Paso 1: Cargar la Base Pre-entrenada**

Python

```
from tensorflow import keras

from tensorflow.keras.applications import MobileNetV2


base_modelo = MobileNetV2(input_shape=(160, 160, 3),

include_top=False, # No queremos su clasificador original

weights='imagenet') # Cargamos los pesos de ImageNet


# Congelamos la base

base_modelo.trainable = False
```

- **Paso 2: Construir el Modelo Completo**

Python

```
modelo = keras.Sequential([

base_modelo, # La base convolucional congelada
```

```
keras.layers.GlobalAveragePooling2D(), # Una forma
eficiente de aplanar

keras.layers.Dense(1, activation='sigmoid') # Nuestra
cabeza clasificadora binaria

])
```

- **Paso 3: Compilar y Entrenar**

Python

```
modelo.compile(optimizer='adam',

loss='binary_crossentropy',

metrics=['accuracy'])

# Entrenamos en nuestro dataset de gatos y perros (asumimos
que ya está cargado)

# Notarás que la exactitud sube muy rápido a niveles muy
altos (>95%)

# modelo.fit(train_dataset, epochs=5,
validation_data=validation_dataset)
```

Este enfoque nos permite obtener un rendimiento de vanguardia con un conjunto de datos y un tiempo de entrenamiento mucho menores.

Resumen del Capítulo

Hemos aprendido a entrenar modelos como profesionales. Ahora sabes cómo usar **Callbacks** como EarlyStopping y ModelCheckpoint para automatizar y proteger tus entrenamientos. Y, lo más importante, has desbloqueado el poder del **Transfer Learning**, que te permite tomar modelos pre-entrenados, congelar su base y re-entrenar solo una pequeña parte para adaptarlos a tus propios problemas, logrando resultados extraordinarios con una eficiencia increíble.

Preguntas de Repaso con Respuesta

1. **Pregunta:** ¿Cuál es el propósito del callback EarlyStopping?
    - **Respuesta:** Detener el entrenamiento automáticamente cuando una métrica monitoreada (como la pérdida de validación) deja de mejorar, lo que ahorra tiempo y previene el sobreajuste.
2. **Pregunta:** ¿Cuál es la idea central del Transfer Learning?
    - **Respuesta:** En lugar de entrenar un modelo desde cero, se aprovecha el conocimiento (los pesos) de un modelo que ya ha sido entrenado en un conjunto de datos masivo y general, y se adapta para una tarea nueva y más específica.
3. **Pregunta:** En Transfer Learning, ¿por qué "congelamos" las capas de la base pre-entrenada?
    - **Respuesta:** Porque esas capas ya son expertas en detectar características visuales generales. Congelarlas (trainable = False) evita que sus pesos se modifiquen y se arruine ese valioso conocimiento durante el entrenamiento en nuestro dataset más pequeño.

4. **Pregunta:** ¿Qué significa el argumento include_top=False al cargar un modelo pre-entrenado?
    - **Respuesta:** Significa que estamos cargando únicamente la base convolucional (la parte de extracción de características) del modelo, y descartando su capa de clasificación final original.
5. **Pregunta:** ¿Cómo se guarda un modelo Keras completamente entrenado en un archivo?
    - **Respuesta:** Usando el método model.save('nombre_del_archivo.keras').

Ejercicios Prácticos

1. Ejercicio 1: Configurando Callbacks.

Escribe el código para configurar un callback ModelCheckpoint que guarde el modelo en un archivo llamado best_model.keras y que solo lo haga cuando la val_accuracy mejore.

2. Ejercicio 2: El Flujo de Guardado y Carga.

Describe los pasos que seguirías si quieres entrenar un modelo hoy, guardarlo, y mañana usarlo en una nueva aplicación para hacer una predicción sobre una sola imagen nueva.

3. Ejercicio 3: ¿Transfer Learning para NLP?

Piensa en el Transfer Learning que hemos visto para imágenes. ¿Crees que se podría aplicar un concepto similar al Procesamiento del Lenguaje Natural (NLP)? ¿Qué podría ser un "modelo pre-entrenado" en el contexto del lenguaje?

Parte 5

El Toolkit del Practicante (Las Herramientas del Oficio)

Esta parte se enfoca en la eficiencia y el uso práctico de las librerías clave.

- **Capítulo 21: El Costo del Cómputo:** Notación Big O y la importancia de la eficiencia.
- **Capítulo 22: Estructuras de Datos Esenciales:** Cuándo usar Listas, Diccionarios, Árboles y Grafos.
- **Capítulo 23: El Flujo de Trabajo en Código:** Un proyecto de principio a fin con Pandas, Matplotlib y Scikit-learn.

Capítulo 21: El Costo del Cómputo: Big O y Estructuras de Datos

Objetivos del Capítulo

Al finalizar este capítulo, serás capaz de:

- **Comprender** por qué la eficiencia algorítmica es crucial en proyectos de IA.
- **Entender** qué mide la **Notación Big O** para analizar la complejidad.
- **Analizar** la diferencia de rendimiento fundamental entre las **listas** y los **diccionarios** de Python.
- **Elegir** la estructura de datos correcta para optimizar tus tareas de preprocesamiento.

Introducción al Capítulo

Un modelo de IA con una precisión del 99% que tarda tres días en procesar una solicitud es, en el mundo real, un modelo inútil. Hasta ahora, nos hemos centrado en la precisión de nuestros modelos. En esta sección, nos centraremos en su **rendimiento**. La diferencia entre un script que se ejecuta en segundos y otro que tarda horas rara vez reside en la velocidad del hardware; reside en la inteligencia del algoritmo y en la elección de la estructura de datos.

Este capítulo te introduce a la **Notación Big O**, el lenguaje universal para medir la eficiencia de un algoritmo. No te preocupes, es un concepto muy intuitivo. Luego, aplicaremos esta nueva forma de pensar para analizar las dos estructuras de datos más importantes de Python y entender por qué elegir la correcta puede acelerar tu código miles de veces.

1. Notación Big O: Midiendo el Crecimiento

La Notación Big O no mide el tiempo en segundos. Mide cómo **escala** el tiempo de ejecución de un algoritmo a medida que **aumenta el tamaño de la entrada (n)**. Describe la tasa de crecimiento en el peor de los casos.

- **O(1) - Tiempo Constante:** El santo grial. El tiempo es el mismo sin importar si procesas 10 o 10 millones de elementos.
- **O(n) - Tiempo Lineal:** Bueno y muy común. Si duplicas el tamaño de la entrada, duplicas el tiempo.
- **$O(n^2)$ - Tiempo Cuadrático:** Peligroso. Si duplicas el tamaño de la entrada, el tiempo se cuadruplica. Usualmente involucra bucles anidados.

2. La Lucha por la Eficiencia: Listas vs. Diccionarios

La elección entre una lista y un diccionario es el ejemplo perfecto de por qué Big O importa.

- Listas (list)

Son como una estantería de libros ordenada por posición.

  - **Acceder por índice (mi_lista[5]):** Es **O(1)**. La computadora sabe exactamente dónde ir.
  - **Buscar un elemento ('libro' in mi_lista):** Es **O(n)**. En el peor de los casos, debe revisar cada libro en la estantería.

- Diccionarios (dict)

Son como un índice mágico (una tabla de hash). Almacenan pares clave: valor.

  - **Acceder por clave (mi_dic['titulo']):** Es **O(1)** en promedio.
  - **Buscar una clave ('titulo' in mi_dic):** Es **O(1)** en promedio.

¿Cómo es posible? Un diccionario usa una **función de hash** que convierte la clave (ej. 'titulo') en un índice numérico. Le permite a la computadora saltar directamente a la ubicación del valor, sin buscar.

3. Caso de Uso en IA: Preprocesamiento de Vocabulario

Problema: Tienes un vocabulario de 50,000 palabras y necesitas convertir un texto de un millón de palabras a una secuencia de IDs numéricos.

- **Enfoque con Listas:** Si tu vocabulario es una lista, para cada una del millón de palabras del texto, tendrías que buscar su posición en la lista de 50,000. Cada búsqueda es O(n). El costo total es prohibitivo.
- **Enfoque con Diccionarios (Correcto):** Si tu vocabulario es un diccionario {'hola': 0, 'mundo': 1, ...}, cada búsqueda de ID es una consulta de clave, que es O(1). El proceso completo es increíblemente rápido.

Regla General: Usa una **lista** para secuencias ordenadas. Usa un **diccionario** para cualquier tarea que requiera búsquedas frecuentes por un identificador único.

Resumen del Capítulo

En este capítulo, hemos introducido una nueva dimensión a nuestro pensamiento como arquitectos de IA: la **eficiencia**. Aprendimos que la **Notación Big O** es el lenguaje para medir cómo escalan nuestros algoritmos. Aplicamos este concepto para analizar las dos estructuras de datos más importantes de Python, descubriendo la asombrosa eficiencia **O(1)** de los **diccionarios** para las búsquedas, en contraste con la lentitud **O(n)** de las **listas**. Este conocimiento es fundamental para escribir código de preprocesamiento que pueda manejar los grandes volúmenes de datos del mundo real.

Preguntas de Repaso con Respuesta

1. **Pregunta:** ¿Qué mide la Notación Big O?
   - **Respuesta:** Mide cómo **escala** el tiempo de ejecución (o el uso de memoria) de un algoritmo a medida que aumenta el tamaño de la entrada (n).
2. **Pregunta:** ¿Cuál es la complejidad Big O de buscar una clave en un diccionario de Python y por qué es tan rápido?
   - **Respuesta:** Es **O(1)** en promedio, porque utiliza una función de hash para calcular la ubicación del valor directamente, sin necesidad de buscar en la colección.
3. **Pregunta:** ¿Por qué un algoritmo $O(n^2)$ es problemático para grandes conjuntos de datos?
   - **Respuesta:** Porque su tiempo de ejecución crece exponencialmente. Si el tamaño de los datos se multiplica por 10, el tiempo se multiplica por 100.
4. **Pregunta:** Estás construyendo un sistema que necesita almacenar los datos de un millón de usuarios y acceder a ellos rápidamente por su DNI. ¿Qué estructura de datos elegirías?
   - **Respuesta:** Un **diccionario**, donde la clave es el DNI y el valor es el objeto del usuario, para un acceso en tiempo O(1).

5. **Pregunta:** ¿Cuál es la complejidad de insertar un elemento al *principio* de una lista de Python de tamaño n?
    - **Respuesta:** Es **O(n)**, porque todos los n elementos existentes deben ser desplazados una posición a la derecha para hacer espacio.

Ejercicios Prácticos

1. **Ejercicio 1:** Escribe una función en Python que reciba una lista de números y devuelva True si contiene duplicados, usando un bucle anidado (solución $O(n^2)$). Luego, reescríbela para que sea O(n) usando un diccionario o un conjunto (set).
2. **Ejercicio 2:** Explica por qué un algoritmo de Búsqueda Binaria, que es O(log n), no se puede aplicar directamente a una lista de Python no ordenada.
3. **Ejercicio 3:** ¿Cuál es la complejidad Big O de la siguiente función? Explica tu razonamiento.

Python

```
def procesar_datos(lista_de_listas):
for lista in lista_de_listas: # Bucle externo
for elemento in lista:    # Bucle interno
print(elemento)
```

Capítulo 22: El Flujo de Trabajo en Código: Un Proyecto Completo

Objetivos del Capítulo

Al finalizar este capítulo, serás capaz de:

- **Aplicar** el flujo de trabajo de Machine Learning en un proyecto de código completo.
- **Utilizar** Pandas y Seaborn para el Análisis Exploratorio de Datos (EDA).
- **Realizar** pasos de preprocesamiento comunes como el manejo de categóricas y el escalamiento.
- **Entrenar y evaluar** un modelo de Scikit-learn, interpretando los resultados en el contexto del problema.

Introducción al Capítulo

La teoría es la base, pero la práctica hace al maestro. En este capítulo, dejaremos de hablar de conceptos aislados y los uniremos en un solo proyecto cohesivo. Seguiremos el flujo de trabajo de un científico de datos desde la carga de un archivo CSV hasta la evaluación final de un modelo predictivo.

Este capítulo es la culminación de todo lo que has aprendido en la Parte 3 (Machine Learning Clásico) y la Parte 5 (El Toolkit del Practicante). Verás en acción cómo Pandas, Seaborn y Scikit-learn colaboran para resolver un problema de clasificación del mundo real. Al final, no solo habrás visto cómo se hace, sino que tendrás una plantilla completa que podrás adaptar para tus propios proyectos.

El Problema: Un banco quiere construir un modelo para predecir si un cliente abandonará sus servicios (churn) en los próximos meses, basándose en su información demográfica y de uso.

Paso 1: Carga y Análisis Exploratorio de Datos (EDA)

Utilizaremos Pandas para cargar y Seaborn para visualizar.

Python

```
import pandas as pd

import seaborn as sns

import matplotlib.pyplot as plt

# Cargar los datos

df = pd.read_csv('churn_data.csv')

# Inspección inicial

print(df.head())

print(df.info())

# Visualizar la distribución de la variable objetivo

sns.countplot(x='Churn', data=df)

plt.title('Distribución de Clientes (Churn vs. No Churn)')

plt.show()

# Visualizar la relación entre características

sns.heatmap(df.corr(numeric_only=True), annot=True,
cmap='coolwarm')
```

```
plt.title('Mapa de Correlaciones')

plt.show()
```

Análisis: El countplot nos dirá si las clases están desbalanceadas. El heatmap nos mostrará si hay características fuertemente correlacionadas.

Paso 2: Limpieza y Preprocesamiento de Datos

Utilizaremos Pandas para la limpieza y Scikit-learn para la preparación.

Python

```
from sklearn.model_selection import train_test_split

from sklearn.preprocessing import StandardScaler

# Manejar datos faltantes (ejemplo simple)

df.fillna(0, inplace=True)

# Convertir variables categóricas a numéricas (One-Hot
Encoding)

df = pd.get_dummies(df, columns=['Geography', 'Gender'],
drop_first=True)

# Separar características (X) y objetivo (y)

X = df.drop('Churn', axis=1)

y = df['Churn']

# Dividir en conjuntos de entrenamiento y prueba

X_train, X_test, y_train, y_test = train_test_split(X, y,
test_size=0.2, random_state=42)

# Escalar las características numéricas

scaler = StandardScaler()

X_train = scaler.fit_transform(X_train)

X_test = scaler.transform(X_test)
```

Paso 3: Entrenamiento y Evaluación del Modelo

Utilizaremos Scikit-learn para el modelado y la evaluación.

Python

```
from sklearn.ensemble import RandomForestClassifier

from sklearn.metrics import classification_report,
confusion_matrix

# Crear y entrenar el modelo

modelo = RandomForestClassifier(n_estimators=100,
random_state=42)

modelo.fit(X_train, y_train)

# Hacer predicciones en el conjunto de prueba

predicciones = modelo.predict(X_test)

# Evaluar el rendimiento

print("--- Matriz de Confusión ---\n")

print(confusion_matrix(y_test, predicciones))

print("\n--- Reporte de Clasificación ---\n")

print(classification_report(y_test, predicciones))
```

Interpretación de Resultados: El classification_report nos dará las métricas de precisión y recall para las clases "No Churn" (0) y "Churn" (1). Podríamos concluir, por ejemplo: "Nuestro modelo identifica correctamente al 85% de los clientes que no abandonarán (recall para la clase 0), pero solo al 58% de los que sí lo harán (recall para la clase 1)."

Resumen del Capítulo

En este capítulo, hemos puesto en práctica todo el toolkit del científico de datos. Hemos seguido el flujo de trabajo completo en un proyecto de clasificación, desde la **carga e inspección** inicial con Pandas, pasando por el **Análisis Exploratorio de Datos** con Seaborn, hasta el **preprocesamiento** riguroso y la **división de datos** con Scikit-learn. Finalmente, hemos entrenado un modelo robusto y hemos realizado una **evaluación** detallada de su rendimiento. Ahora tienes una visión completa y un código de plantilla para abordar tus propios desafíos de Machine Learning.

Preguntas de Repaso con Respuesta

1. **Pregunta:** ¿Cuál es el primer paso después de cargar un nuevo conjunto de datos con pd.read_csv()?
    - **Respuesta:** La inspección inicial, utilizando métodos como .head(), .info() y .describe() para obtener una comprensión básica de la estructura y la calidad de los datos.
2. **Pregunta:** ¿Por qué es importante el Análisis Exploratorio de Datos (EDA) antes de construir un modelo?
    - **Respuesta:** Porque nos ayuda a entender las distribuciones, las relaciones y los posibles problemas en los datos, lo que nos permite tomar decisiones más informadas sobre la limpieza y el tipo de modelo a utilizar.

3. **Pregunta:** ¿Qué hace la función pd.get_dummies()?
    - **Respuesta:** Convierte variables categóricas en variables numéricas mediante la técnica de One-Hot Encoding, creando nuevas columnas binarias (0 o 1) para cada categoría.
4. **Pregunta:** ¿Por qué aplicamos .fit_transform() al conjunto de entrenamiento pero solo .transform() al de prueba?
    - **Respuesta:** Para evitar la "fuga de datos". El escalador debe aprender los parámetros (media y desviación estándar) únicamente de los datos de entrenamiento y luego aplicar esa misma transformación a los datos de prueba.
5. **Pregunta:** Si un classification_report muestra un recall bajo para la clase positiva, ¿qué significa en términos prácticos?
    - **Respuesta:** Significa que el modelo está fallando en identificar una gran proporción de los casos positivos reales. Está generando muchos "Falsos Negativos".

Ejercicios Prácticos

1. Ejercicio 1: Experimenta con otro Modelo.

Reemplaza el RandomForestClassifier en el código del capítulo por un LogisticRegression. Vuelve a ejecutar todo el flujo. ¿Cómo se comparan los resultados?

2. Ejercicio 2: La Importancia del EDA.

Usando el DataFrame del proyecto, crea un sns.boxplot() para visualizar la distribución de la característica 'Age' (Edad) para los clientes que hicieron churn y los que no. ¿Parece que la edad es un factor importante?

3. Ejercicio 3: Interpreta la Matriz de Confusión.

Observa la matriz de confusión generada por el modelo. Identifica el número de Verdaderos Positivos, Falsos Positivos, Verdaderos Negativos y Falsos Negativos y explica qué representa el número de "Falsos Negativos" en este problema.

Parte 6

La IA en Acción y el Futuro (Orquestación e Interacción)

Esta parte final muestra cómo usar e integrar la IA en el mundo real y mira hacia el futuro.

- **Capítulo 23: El Arte del Prompting:** Cómo conversar con IAs como Gemini para obtener resultados expertos.
- **Capítulo 24: La Automatización Inteligente:** Orquestando la IA en flujos de trabajo con herramientas low-code como n8n.
- **Capítulo 25: El Horizonte de la IA:** El futuro multimodal, la IA eficiente (Proyecto "Nano Banana"), Veo, y tu rol como arquitecto del futuro.

Capítulo 23: El Arte del Prompting: Conversando con la IA Moderna

Objetivos del Capítulo

Al finalizar este capítulo, serás capaz de:

- **Comprender** el rol de la ingeniería de prompts (prompt engineering) en la IA moderna.
- **Aplicar** técnicas como Zero-shot, One-shot y Few-shot para guiar a un modelo.
- **Utilizar** el "Razonamiento en Cadena" (Chain-of-Thought) para resolver problemas complejos.
- **Estructurar** un prompt de nivel profesional definiendo un rol, un contexto y un formato de salida.

Introducción al Capítulo

Hemos pasado la mayor parte de este libro aprendiendo a construir modelos desde cero o usando librerías. Pero una nueva forma de interactuar con la IA ha emergido, una que es más parecida a una conversación que a la programación. Los Modelos de Lenguaje Grandes (LLMs) como Gemini o GPT son tan potentes que a menudo no necesitamos entrenar un modelo; necesitamos aprender a **darle instrucciones**.

Este capítulo te introduce al **arte y la ciencia del prompting**. Descubrirás que la calidad de la respuesta de una IA es directamente proporcional a la calidad de la pregunta que le haces. Aprenderás a pasar de simples preguntas a instrucciones diseñadas con precisión de ingeniero, una habilidad que te permitirá obtener resultados asombrosos de los modelos más potentes del mundo.

1. Dando Ejemplos: Zero-shot, One-shot y Few-shot

Una de las formas más efectivas de enseñarle a un modelo lo que quieres es mostrándole ejemplos directamente en el prompt.

- **Zero-Shot Prompting (Sin Ejemplos):** Es la forma más básica. Simplemente le pides al modelo que haga algo.
    - **Prompt:** Clasifica el sentimiento de esta frase: "El producto superó mis expectativas."
- **One-Shot Prompting (Con un Ejemplo):** Le das al modelo un único ejemplo para guiarlo en el formato.
    - Prompt:

Frase: "El envío tardó mucho." -> Negativo

Frase: "El producto superó mis expectativas." ->

- **Few-Shot Prompting (Con Varios Ejemplos):** Le proporcionas varios ejemplos para que infiera el patrón. Es extremadamente potente para tareas con matices.

   - Prompt:

Frase: "¡Me encantó!" -> Positivo

Frase: "No está mal." -> Neutro

Frase: "Se rompió al segundo día." -> Negativo

Frase: "El producto superó mis expectativas." ->

2. La Receta del Prompt Perfecto: Rol, Contexto y Formato

Un prompt de nivel profesional casi siempre contiene estos tres elementos para eliminar la ambigüedad.

- **Rol:** Le dices a la IA quién debe "ser". Esto ajusta su tono y nivel de conocimiento.
   - "Actúa como un experto en ciberseguridad..."
- **Contexto y Tarea:** Le das toda la información necesaria y le dices claramente qué debe hacer.
   - "...analiza la siguiente política de contraseñas y enumera tres posibles vulnerabilidades."
- **Formato de Salida:** Le dices exactamente cómo quieres la respuesta. Esto es crucial para la automatización.

    - "...devuelve tu respuesta en formato JSON con la clave 'vulnerabilidades', que debe contener una lista de strings."

3. Razonamiento Avanzado: Chain-of-Thought (CoT)

Para problemas que requieren lógica o pasos intermedios, una simple instrucción mágica puede mejorar drásticamente los resultados: **"Piensa paso a paso"**.

- Prompt Simple:

Si tengo 3 cajas con 12 lápices cada una y regalo 5 lápices, ¿cuántos me quedan? (El modelo podría equivocarse).

- Prompt con CoT:

Si tengo 3 cajas con 12 lápices cada una y regalo 5 lápices, ¿cuántos me quedan? **Explica tu razonamiento paso a paso.**

Esta técnica fuerza al modelo a descomponer el problema, mostrando su "cadena de pensamiento" y reduciendo la probabilidad de error.

Resumen del Capítulo

En este capítulo, hemos aprendido que la interacción con los LLMs modernos es una habilidad en sí misma: la **ingeniería de prompts**. Vimos cómo guiar a un modelo dándole ejemplos (**Few-Shot**), cómo mejorar su lógica pidiéndole que razone paso a paso (**Chain-of-**

Thought), y cómo obtener respuestas fiables y estructuradas al definir un **rol, un contexto y un formato de salida**. Estas técnicas son la clave para usar la IA generativa no solo como un juguete, sino como una herramienta profesional y potente.

Preguntas de Repaso con Respuesta

1. **Pregunta:** ¿Cuál es la diferencia entre Zero-Shot, One-Shot y Few-Shot prompting?
    - **Respuesta: Zero-Shot** no proporciona ningún ejemplo. **One-Shot** proporciona un único ejemplo para guiar al modelo. **Few-Shot** proporciona varios ejemplos para que el modelo infiera un patrón más complejo.
2. **Pregunta:** ¿Cuál es el propósito de la técnica de "Chain-of-Thought"?
    - **Respuesta:** Forzar al modelo a descomponer un problema en pasos lógicos, lo que aumenta la precisión de su razonamiento y nos permite ver cómo llega a la conclusión.
3. **Pregunta:** ¿Por qué es especialmente importante definir un formato de salida claro cuando se usa una IA en un flujo de automatización?
    - **Respuesta:** Porque las automatizaciones necesitan recibir datos de una forma predecible y estructurada

(como una sola palabra o un JSON) para poder procesarlos en los pasos siguientes.

4. **Pregunta:** ¿Qué tres componentes clave debe tener un prompt de nivel profesional?
   - **Respuesta:** Un **Rol**, un **Contexto y Tarea**, y un **Formato de Salida**.
5. **Pregunta:** ¿Cuándo es más útil usar Few-Shot prompting en lugar de Zero-Shot?
   - **Respuesta:** Es más útil para tareas con matices, clasificación personalizada, o cuando el formato de salida deseado es muy específico.

Ejercicios Prácticos

1. **Ejercicio 1:** Abre una conversación con un LLM (como Gemini). Pídele que te escriba un email para solicitar un aumento. Luego, refina el prompt aplicando la técnica de **Rol, Contexto y Formato**. Compara las dos respuestas.
2. **Ejercicio 2:** Usa la técnica **Few-Shot**. Dale al LLM dos ejemplos de títulos de artículos y su categoría (ej. "Los misterios del universo" -> Ciencia; "Receta de pastel" -> Cocina). Luego, dale un nuevo título y pídele que lo clasifique.
3. **Ejercicio 3:** Pon a prueba el **Chain-of-Thought**. Busca un problema de lógica o un acertijo simple en internet. Primero, pégalo y pide la respuesta. Luego, pégalo de nuevo pero

añade al final "Explica tu razonamiento paso a paso." Compara los resultados.

Capítulo 24: La Automatización Inteligente: Orquestando la IA

Objetivos del Capítulo

Al finalizar este capítulo, serás capaz de:

- **Comprender** el concepto de orquestación de IA mediante herramientas "low-code".
- **Identificar** los componentes básicos de un flujo de automatización: triggers, nodos y conexiones.
- **Diseñar** un flujo de trabajo que integre una llamada a un LLM para la toma de decisiones.
- **Apreciar** cómo la automatización inteligente puede resolver problemas de negocio complejos.

Introducción al Capítulo

Sabes construir modelos y sabes cómo darles instrucciones. Pero, ¿cómo conectas estas capacidades con el mundo real de forma continua? Podrías escribir un complejo programa en Python que se conecte a la API de tu email, a la de tu CRM y a la de un LLM. O podrías hacerlo en 15 minutos, de forma visual, sin apenas escribir código.

Este capítulo te introduce a la **orquestación de IA** con herramientas de automatización de flujos de trabajo como **n8n**. Estas plataformas "low-code" te permiten actuar como un director de orquesta. En lugar de tocar cada instrumento, simplemente les indicas qué tocar y cuándo, conectando diferentes servicios (Gmail, Google

Sheets, APIs de IA, etc.) como si fueran músicos. Aprenderás a diseñar un flujo que no solo automatiza tareas, sino que utiliza la IA para tomar decisiones inteligentes en el camino.

1. Más Allá del Código: La Orquestación Low-Code

El objetivo de la orquestación es conectar sistemas dispares para que trabajen juntos. Las plataformas "low-code" como n8n lo logran a través de una interfaz visual.

- **Analogía:** Si la IA es el "cerebro" y Python es para construir "miembros robóticos" personalizados, entonces n8n es el "sistema nervioso" que conecta el cerebro con los sentidos (triggers de email, webhooks) y las acciones (publicar en Slack, guardar en una base de datos) usando componentes prefabricados.

2. La Anatomía de un Flujo de n8n

Un flujo en n8n se compone de tres elementos:

1. **Triggers (Disparadores):** El punto de partida. Inicia el flujo cuando algo sucede (ej. a una hora programada, al recibir un nuevo formulario).
2. **Nodos (Nodes):** Los bloques de acción. Cada uno realiza una tarea específica (ej. leer una fila

de una hoja de cálculo, llamar a una API, aplicar lógica).

3. **Conexiones:** Las líneas que unen los nodos, por donde fluyen los datos en formato **JSON**.

3. Proyecto Práctico: Un "Clasificador de Emails" Inteligente

Objetivo: Crear un flujo que, cada vez que llega un nuevo email, utiliza a Gemini para clasificarlo y luego lo archiva o lo reenvía según su categoría.

El Flujo de Trabajo (Conceptual):

1. El Trigger: "Nuevo Email"

El flujo comienza con un nodo que se conecta a tu cuenta de Gmail o Outlook. Se activa cada vez que llega un nuevo correo a tu bandeja de entrada.

2. El Cerebro: Llamada a la IA para Clasificar

Los datos del email (asunto y cuerpo) se pasan a un nodo HTTP Request que llama a la API de Gemini. El prompt es la clave:

"Actúa como un asistente de oficina experto. Clasifica el siguiente email en una de estas tres categorías: 'Urgente', 'Informativo' o 'Spam'. Responde únicamente con una de esas tres palabras. Email: [Aquí se inserta el contenido del email]"

3. El Enrutador: El Nodo Switch

Este nodo toma la respuesta de una sola palabra de la IA.

- Si la respuesta es "Urgente", envía los datos por la salida 1.
- Si la respuesta es "Informativo", envía los datos por la salida 2.
- Si la respuesta es "Spam", envía los datos por la salida 3.

4. Las Acciones: Tareas Automatizadas

Cada salida del Switch se conecta a una acción diferente:

- **Salida 1 ("Urgente"):** Se conecta a un nodo de Slack que te envía una notificación inmediata a tu teléfono.
- **Salida 2 ("Informativo"):** Se conecta a un nodo de Trello o Asana que crea una nueva tarea en tu tablero de "Para leer".
- **Salida 3 ("Spam"):** Se conecta a un nodo de Gmail que archiva o elimina el correo automáticamente.

Este flujo crea un sistema de triaje de correo electrónico totalmente autónomo e inteligente, que aprende a priorizar tu trabajo basándose en el contenido real de los mensajes.

Resumen del Capítulo

En este capítulo, hemos dado el salto de la creación de modelos a la **orquestación de sistemas de IA**. Entendimos cómo las plataformas "low-code" como n8n nos permiten conectar visualmente diferentes servicios y APIs. Diseñamos un proyecto práctico y de alto valor: un **clasificador de emails inteligente**, que utiliza un LLM como cerebro para tomar decisiones y el nodo Switch para enrutar el flujo de trabajo, automatizando tareas que antes requerían juicio humano. Has aprendido el paradigma de la automatización inteligente, una de las habilidades más demandadas en la industria actual.

Preguntas de Repaso con Respuesta

1. **Pregunta:** ¿Cuál es la principal ventaja de usar una herramienta de orquestación "low-code" como n8n?
   - **Respuesta:** Permite construir y conectar automatizaciones complejas de forma visual y rápida, sin necesidad de escribir código extenso para cada integración de API, acelerando drásticamente el desarrollo.
2. **Pregunta:** En un flujo de n8n, ¿qué es un "trigger"?
   - **Respuesta:** Es el nodo inicial que activa la ejecución de todo el flujo de trabajo. Puede ser programado (basado en

tiempo) o basado en eventos (como la llegada de un webhook o un email).

3. **Pregunta:** En nuestro proyecto de clasificación de emails, ¿qué nodo es el responsable de la toma de decisiones lógicas después de la clasificación de la IA?
   - **Respuesta:** El nodo Switch, que toma la etiqueta de clasificación de la IA ('Urgente', 'Informativo', 'Spam') y enruta el flujo por diferentes caminos.
4. **Pregunta:** ¿Por qué es crucial el diseño del prompt en un flujo de automatización inteligente?
   - **Respuesta:** Porque el flujo depende de recibir una respuesta predecible y estructurada de la IA. Un buen prompt que restringe el formato de salida (ej. "responde únicamente con una palabra") asegura que los nodos lógicos como el Switch puedan funcionar de manera fiable.
5. **Pregunta:** ¿Qué es JSON y qué rol juega en n8n?
   - **Respuesta:** JSON (JavaScript Object Notation) es un formato de texto para intercambiar datos. En n8n, es el formato estándar en el que los datos fluyen desde la salida de un nodo hasta la entrada del siguiente.

Ejercicios Prácticos

1. Ejercicio 1: Diseña tu Propio Flujo.

Diseña conceptualmente (en papel o con notas) un flujo de trabajo que monitoree las menciones de tu marca en Twitter, use la IA para analizar el sentimiento y guarde los comentarios en una hoja de Google Sheets, con una columna para el texto y otra para el sentimiento ("Positivo", "Negativo").

2. Ejercicio 2: El Prompt del Moderador.

Escribe el prompt que usarías en un flujo de n8n para que un LLM actúe como un moderador de comentarios de un blog. El objetivo es clasificar un comentario como "Aprobado", "Spam" o "Revisión Manual".

3. Ejercicio 3: Lógica de Negocio.

Imagina que en el proyecto del clasificador de emails, quieres que los correos "Informativos" de tu jefe (un remitente específico) también te envíen una notificación a Slack. ¿Cómo modificarías el flujo después del nodo Switch para añadir esta lógica?

¡Adelante! Con este capítulo, llegamos al final de nuestro gran viaje. Es la culminación de todo lo que hemos aprendido, una mirada al horizonte y el comienzo de tu propia historia como arquitecto de la inteligencia artificial.

Capítulo 25: Conclusión: El Horizonte de la IA y Tu Rol como Arquitecto

Objetivos del Capítulo

Al finalizar este capítulo, serás capaz de:

- **Sintetizar** el viaje completo, desde los fundamentos matemáticos hasta la aplicación moderna de la IA.
- **Vislumbrar** el futuro próximo de la IA, enfocado en la eficiencia y la multimodalidad.
- **Reflexionar** sobre el rol de la IA como una herramienta para potenciar el ingenio humano.
- **Asumir tu nuevo rol** como un arquitecto de IA informado, crítico y creativo.

Introducción al Capítulo

Hemos llegado al final de nuestro manual definitivo. Has realizado un viaje extraordinario a través de seis partes que te han llevado desde los fundamentos filosóficos y matemáticos hasta la construcción de redes neuronales complejas y la orquestación de la IA más avanzada. Has visto los planos, has aprendido a usar las herramientas y has construido tus primeros modelos.

Este capítulo final no es una lección técnica, sino una brújula. Consolidaremos la visión completa de lo que significa ser un arquitecto de IA y miraremos hacia el emocionante horizonte que se abre ante nosotros. La tecnología evoluciona a un ritmo vertiginoso, pero los principios que has aprendido te han dado la base para entender y adaptarte a cualquier cambio futuro. Cerremos este libro, no como el final de tu aprendizaje, sino como tu ceremonia de graduación.

1. El Resumen del Arquitecto: Tu Viaje Completo

Mira hacia atrás y aprecia el camino recorrido. Has dominado los pilares que sostienen el edificio de la IA:

- **La Gran Imagen:** Entiendes qué es la IA, has reflexionado sobre su filosofía y has aprendido el lenguaje (Python) para construirla.
- **Los Pilares Matemáticos:** El Álgebra Lineal y la Estadística ya no son barreras, sino lenguajes que te permiten entender la estructura de los datos y la naturaleza de la incertidumbre.
- **El Machine Learning Clásico:** Tienes un arsenal de algoritmos (Regresión, SVMs, Bosques Aleatorios, Clustering) para resolver la mayoría de los problemas con datos estructurados.
- **El Universo del Deep Learning:** Has abierto la "caja negra", construyendo CNNs para ver, LSTMs para leer y entendiendo la revolución de los Transformers.
- **El Toolkit del Practicante:** Sabes cómo escribir código eficiente y seguir el flujo de

trabajo de un proyecto real con las herramientas estándar de la industria.

- **La IA en Acción:** Has aprendido a dirigir los modelos más potentes del mundo a través del prompting y a integrarlos en flujos de trabajo automatizados.

2. El Horizonte Próximo: Eficiencia, Multimodalidad y Creación

El futuro de la IA se está desarrollando en varias fronteras emocionantes:

- **Eficiencia y Accesibilidad (Proyecto "Nano Banana"):** Como mencionamos, la próxima gran revolución no es solo hacer modelos más grandes, sino radicalmente más **eficientes**. La meta es llevar la IA de la nube a tus dispositivos (on-device). Esto permitirá una IA verdaderamente personal, instantánea y privada.
- **Multimodalidad Nativa:** El futuro es una IA que entiende el mundo como lo hacemos nosotros, a través de una combinación fluida de texto, imágenes, sonidos y video.
- **IA Generativa y Creativa (Veo y más allá):** Hemos pasado de la IA que *analiza* a la IA que *crea.* Modelos como **Veo** para la generación de video son solo el comienzo. La IA se está convirtiendo en la herramienta creativa

definitiva, un socio para artistas, diseñadores, músicos y escritores.

3. Una Visión Optimista: La IA como Aliada de la Humanidad

Como hemos insistido a lo largo de nuestros libros, el enfoque más constructivo es ver a la IA no como un reemplazo, sino como un **aumento** de la capacidad humana. Es una herramienta para resolver problemas que antes eran demasiado complejos para nosotros.

- **En la Ciencia:** La IA está acelerando el descubrimiento de nuevos medicamentos, el diseño de nuevos materiales y nuestra comprensión del universo al analizar cantidades de datos que ningún humano podría procesar.
- **En la Educación:** Un tutor de IA personalizado para cada niño del planeta, que se adapte a su ritmo y estilo de aprendizaje, tiene el potencial de revolucionar la educación y desatar el potencial humano a una escala sin precedentes.
- **En los Retos Globales:** Desde la optimización de la red eléctrica para combatir el cambio climático hasta la predicción de desastres naturales, la IA nos da una nueva clase de herramientas para abordar los problemas más grandes de la humanidad.

4. Tu Misión como Arquitecto de IA

Al cerrar este libro, tu rol cambia. Ya no eres un simple consumidor de tecnología. Eres un creador, un pensador crítico, un arquitecto. Tu misión, si decides aceptarla, es triple:

1. **Sé Curioso:** Este campo cambia cada seis meses. El aprendizaje no termina nunca. Usa la base que has construido para seguir explorando, para entender las nuevas arquitecturas y para nunca dejar de hacer preguntas.
2. **Sé Crítico y Ético:** Eres el guardián de la herramienta. Usa tu conocimiento para cuestionar los sistemas de IA. Pregúntate: ¿Es justo? ¿Es transparente? ¿Sus datos de entrenamiento contienen sesgos? Exige y construye una IA que sea responsable.
3. **Sé Creador:** El conocimiento es menos valioso si no se aplica. Usa lo que has aprendido para construir algo. No tiene que ser una startup multimillonaria. Automatiza una tarea en tu trabajo. Resuelve un pequeño problema en tu comunidad. Crea una obra de arte. Traduce la teoría en acción.

Resumen del Capítulo

Hemos llegado al final de nuestro manual definitivo. Hemos sintetizado tu viaje desde los fundamentos hasta las aplicaciones de vanguardia. Hemos mirado hacia el horizonte de una IA más eficiente, multimodal y creativa. Y lo más importante, hemos definido tu nuevo rol: no como un programador o un científico de datos, sino como un **arquitecto de la IA**, alguien que no solo sabe cómo construir, sino que también entiende por qué y para qué. El futuro no está predeterminado por los algoritmos; está siendo construido por personas como tú, armadas con este conocimiento. La conversación está abierta. Y ahora, tienes una voz y las herramientas para construir.

Preguntas de Repaso con Respuesta

1. **Pregunta:** ¿Cuál es la principal motivación detrás de la tendencia hacia modelos de IA más eficientes como el conceptual "Nano Banana"?
    - **Respuesta:** La necesidad de ejecutar la IA directamente en los dispositivos del usuario (on-device) para mejorar la velocidad (baja latencia), la privacidad y la personalización.
2. **Pregunta:** ¿Qué significa que el futuro de la IA es "multimodal"?
    - **Respuesta:** Significa que los modelos de IA serán cada vez más capaces de entender, procesar y generar información a través de múltiples tipos de datos (texto, imágenes, audio, video) de forma fluida y unificada.
3. **Pregunta:** ¿Cuál es el enfoque más constructivo para ver el rol de la IA en la sociedad?

    - **Respuesta:** Verla como una herramienta de **aumento** de la inteligencia y la creatividad humanas, una aliada para resolver problemas complejos, en lugar de un simple reemplazo de las capacidades humanas.
4. **Pregunta:** ¿Cuáles son los tres roles o misiones que debes asumir como un nuevo "arquitecto de IA"?
    - **Respuesta:** Ser curioso (aprender continuamente), ser crítico (pensar éticamente) y ser un creador (aplicar el conocimiento).
5. **Pregunta:** Después de leer esta serie, ¿cuál dirías que es el "hilo conductor" que une el Álgebra Lineal, la Estadística, el Machine Learning y el Deep Learning?
    - **Respuesta:** El hilo conductor es la **representación de datos**. Todas estas disciplinas son diferentes formas de estructurar (Álgebra Lineal), entender (Estadística) y aprender patrones (ML/DL) a partir de datos que han sido convertidos a un formato numérico.

Ejercicios Prácticos

1. Ejercicio 1: Tu Proyecto Personal.

Dedica 15 minutos a una lluvia de ideas. ¿Qué problema pequeño pero molesto en tu vida diaria o trabajo podrías resolver o aliviar con alguna de las técnicas de IA que has aprendido en este libro? Esboza una solución conceptual.

2. Ejercicio 2: Tu Hoja de Ruta de Aprendizaje.

De los temas futuros que mencionamos (Transformers, IA Generativa, MLOps, etc.), ¿cuál te genera más curiosidad? Busca un artículo o video introductorio sobre ese tema y escribe tres preguntas que te surjan.

3. Ejercicio 3: Tu Declaración como Arquitecto.

Escribe un párrafo corto que resuma tu propia visión sobre cómo te gustaría aplicar tus nuevos conocimientos de IA en el futuro. ¿Quieres optimizar procesos, crear arte, contribuir a la ciencia, o algo completamente diferente? Esta es tu declaración de intenciones.

Apendice A

Un Panorama del Ecosistema de Modelos de IA (Edición 2025)

Este panorama ofrece una fotografía del vibrante y competitivo ecosistema de la inteligencia artificial en 2025. Los modelos aquí listados representan a los jugadores más influyentes y las tendencias clave, desde los gigantes multimodales hasta las herramientas especializadas.

1. Modelos Fundacionales Multimodales (Los Titanes)

Estos son los modelos a gran escala que definen el estado del arte, capaces de razonar sobre texto, imágenes, audio y video.

- **GPT-4o / GPT-4.5 (OpenAI):**
    - **Fortalezas:** Versatilidad excepcional, razonamiento avanzado, capacidades de conversación por voz y visión en tiempo real líderes en el mercado.
    - **Usos:** Impulsa ChatGPT, chatbots avanzados, generación de contenido, programación.
- **Gemini 2.5 (Google DeepMind):**
    - **Fortalezas:** Multimodalidad nativa, ventana de contexto masiva, integración

profunda con el ecosistema de Google (Búsqueda, Workspace).

  - **Usos:** Asistentes de productividad, análisis multimedia, búsqueda semántica.

- **Claude 3.7 Sonnet (Anthropic):**
  - **Fortalezas:** Excelente en escritura profesional y estructurada, enfoque en la seguridad y la ética, gran ventana de contexto.
  - **Usos:** Redacción técnica, análisis de documentos legales y financieros, investigación.

2. Modelos de Código Abierto (El Poder de la Comunidad)

Estos modelos pueden ser descargados, modificados y auto-alojados, impulsando la innovación fuera de las grandes corporaciones.

- **Llama 3 (Meta AI):**
  - **Fortalezas:** Rendimiento comparable a los modelos cerrados, adaptable, gran apoyo de la comunidad.
  - **Usos:** Investigación, desarrollo de chatbots personalizados, startups de IA.

- **Mixtral (Mistral AI):**
    - **Fortalezas:** Arquitectura "Mezcla de Expertos" (MoE) muy eficiente, excelente rendimiento para su tamaño.
    - **Usos:** Proyectos de código abierto, aplicaciones que requieren un buen balance de costo y potencia.
- **Gemma 3 (Google DeepMind):**
    - **Fortalezas:** Ligero, eficiente, diseñado para ejecutarse en hardware más modesto.
    - **Usos:** IA en el dispositivo (on-device), aplicaciones ligeras, investigación académica.

3. Modelos Especializados (Herramientas de Precisión)

Código y Programación

- **GitHub Copilot (GitHub/OpenAI):**
    - **Fortalezas:** Asistente de programación líder, integrado en los principales editores de código (VS Code), mejora drásticamente la productividad.
    - **Usos:** Generación y autocompletado de código, documentación, aprendizaje.
- **AlphaCode 2 (DeepMind):**

    - **Fortalezas:** Razonamiento algorítmico a nivel de competidor humano.
    - **Usos:** Programación competitiva, optimización de algoritmos.

Voz y Audio

- **Whisper (OpenAI):**
    - **Fortalezas:** Transcripción de voz a texto de alta precisión, robusto y multilingüe.
    - **Usos:** Subtítulos automáticos, transcripción de reuniones y podcasts.
- **ElevenLabs / Speechify (Startups):**
    - **Fortalezas:** Generación de voz (texto a voz) ultrarrealista, clonación de voz.
    - **Usos:** Narración de audiolibros, doblaje, asistentes de voz.

Generación de Imágenes

- **DALL-E 3 (OpenAI):**
    - **Fortalezas:** Alta calidad, excelente para seguir prompts complejos y generar texto dentro de las imágenes.
    - **Usos:** Diseño gráfico, publicidad, arte conceptual.

- **Midjourney v6:**
    - **Fortalezas:** Estilo artístico y estético muy distintivo, resultados de alta coherencia.
    - **Usos:** Arte digital, inspiración para diseño.
- **Stable Diffusion XL (Stability AI):**
    - **Fortalezas:** Código abierto, permite un alto grado de control y personalización.
    - **Usos:** Diseño, animación, investigación en generación de imágenes.

Generación de Video

- **Sora (OpenAI) / Veo (Google):**
    - **Fortalezas:** Generación de video de alta fidelidad y coherencia a partir de texto.
    - **Usos:** Producción audiovisual, cine, marketing.
- **Runway Gen-3 Alpha:**
    - **Fortalezas:** Herramientas de edición de video asistidas por IA, control multimodal.
    - **Usos:** Postproducción de cine, efectos visuales.

Visión por Computadora

- **YOLO (You Only Look Once):**

- **Fortalezas:** Detección de objetos en tiempo real extremadamente rápida y precisa.
- **Usos:** Vehículos autónomos, seguridad, robótica, control de calidad industrial.

4. Plataformas y Asistentes (La Capa de Aplicación)

- **ChatGPT (OpenAI):** La aplicación de chatbot que popularizó la IA generativa.
- **Perplexity AI:** Un "motor de respuestas" que combina un LLM con la búsqueda en tiempo real, citando sus fuentes.
- **Amazon Q / Alexa+ (Amazon):** Asistentes enfocados en el entorno empresarial (Q) y doméstico (Alexa+).
- **Amazon SageMaker (AWS):** Una plataforma integral para que las empresas construyan, entrenen y desplieguen sus propios modelos de Machine Learning.
- **OpenEvidence AI:** Un asistente de IA altamente especializado para el campo médico, diseñado para sintetizar literatura científica.

5. Nuevos Contendientes y Modelos Notables

- **Grok 4 (xAI):**
    - **Fortalezas:** Acceso a información en tiempo real de la plataforma X (Twitter), personalidad distintiva y con "sentido del humor".
    - **Usos:** Análisis de tendencias en tiempo real, búsqueda conversacional.
- **Modelos Regionales (Ernie - Baidu, Qwen - Alibaba):** Modelos muy potentes, optimizados para los idiomas y contextos de sus mercados (principalmente China).
- **Modelos Eficientes (DeepSeek, Cohere, Mistral):** Una tendencia creciente de modelos más pequeños, a menudo de código abierto, optimizados para tareas específicas o para ejecutarse con menos recursos.

Modelos y Herramientas de IA por Función principal.

Debemos usar diferentes métodos de IA, según la necesidad. Unos modelos son mejores para una función, otros para otro tipo de función. Por lo que es bueno conocer las fortalezas (en que son mas eficientes) los métodos de IA para utilizarlos mejor.

La siguiente lista no incluye todos los modelos y recordar que cada día publican mas por lo que hay que estar actualizándose sobre nuevos modelos de IA.

1. Asistentes Conversacionales y Creación de Texto (LLM)

- **ChatGPT (OpenAI):** El popular modelo de diálogo, excelente para escritura creativa, resúmenes y conversación general.
- **Gemini (Google):** El modelo multimodal nativo de Google, integrado en su ecosistema, potente en búsqueda, análisis y multimodalidad.
- **Claude (Anthropic):** Famoso por su gran "ventana de contexto" (puede analizar libros enteros) y su enfoque en respuestas seguras y éticas.
- **Grok (xAI):** El modelo de xAI (Elon Musk), diseñado para tener un toque de humor y acceso en tiempo real a la plataforma X (Twitter).

2. Asistentes de Programación y Desarrollo

- **GitHub Copilot (Microsoft/OpenAI):** El asistente de código más popular, integrado en IDE (como VS Code) para autocompletar y indicar código.
- **Amazon Q (AWS):** El asistente de IA de Amazon Web Services, enfocado en el entorno empresarial para ayudar a desarrolladores, analistas y empleados.
- **DeepSeek:** Un modelo de IA de alto rendimiento especializado en escribir, completar y optimizar código de programación.
- **Cursor:** Un editor de código (fork de VS Code) "IA-first" que integra un potente chatbot para generar, editar y depurar código.
- **Black Box:** Una IA diseñada para que los programadores encuentren y autocompletan fragmentos de código rápidamente.
- **Tabnine:** Un asistente de código que se enfoca en la privacidad, permitiendo el autoalojamiento para proteger la base de código de una empresa.

3. Motores de Búsqueda e Investigación

- **Perplexity AI:** Un motor de búsqueda conversacional que responde preguntas citando sus fuentes web en tiempo real.
- **Phind:** Un motor de búsqueda y respuesta enfocado específicamente en desarrolladores para resolver problemas técnicos y de código.

- **Open Evidence:** Una plataforma de IA (a menudo utilizada en el ámbito médico y científico) que automatiza la síntesis de evidencia y la revisión de la literatura.

4. **Generación de Imágenes**

- **Midjourney:** Famoso por generar imágenes artísticas y fotorrealistas de muy alta calidad, operado principalmente a través de Discord.
- **DALL-E 3 (OpenAI):** Integrado en ChatGPT, es excelente para seguir instrucciones detalladas (indicaciones largas) y generar texto dentro de las imágenes.
- **Difusión estable (Stability AI):** El modelo de generación de imágenes de código abierto más importante, popular por su flexibilidad y la enorme comunidad que crea versiones personalizadas.

5. **Generación de Video**

- **Sora (OpenAI):** Un modelo (aún no público) capaz de crear escenas de vídeo fotorrealistas, complejas y de larga duración a partir de texto.
- **Veo (Google):** El modelo de generación de vídeo de alta definición de Google, diseñado para crear clips coherentes y con gran detalle.
- **Pika:** Una herramienta accesible para crear y editar videos cortos a partir de texto, imágenes u otros videos.

- **Runway:** Una suite de edición de vídeo con IA, conocida por su función "Gen-2" que permite crear clips de vídeo desde cero.

6. **Generación de Voz (Clonación y Texto a Voz)**

- **ElevenLabs:** Lidera el mercado en clonación de voz realista y en la generación de audio (Text-to-Speech) con inflexiones muy naturales.
- **Play.ht:** Una plataforma potente para generar voces de IA ultrarrealistas, a menudo utilizada para artículos de blog, videos y podcasts.
- **Descripción (Overdub):** Un editor de audio/video que permite clonar tu voz para corregir grabaciones simplemente editando el texto.

7. **Creación de música**

- **Suno:** Genera canciones completas (música, letra y voz) en diversos géneros a partir de una simple descripción de texto.
- **Audio:** Un potente generador de música que crea pistas de alta calidad, conocido por la gran facilidad para crear temas en diferentes estilos.

8. **Generación de Avatares y Portavoces Digitales**

- **Synthesia:** Plataforma líder para crear videos de capacitación o corporativos usando avatares de IA realistas a partir de un guion.
- **HeyGen:** Popular para crear avatares, pero su función más destacada es la traducción y doblaje

de video, sincronizando los labios del hablante al nuevo idioma.

9. Edición y Mejora de Contenido (Audio/Video)

- **Adobe Podcast (Enhancer):** Una herramienta que utiliza IA para limpiar grabaciones de voz, eliminando el ruido de fondo y mejorando la calidad a nivel de estudio.
- **Submagic:** Una herramienta de IA que genera automáticamente subtítulos, emojis y *B-roll* para videos cortos (Shorts, Reels, TikToks).
- **Opus Clip:** Toma un video largo (como un podcast o una conferencia) y usa IA para encontrar y editar los mejores clips virales.

Glosario

- **Algoritmo:** Un conjunto finito y ordenado de instrucciones para resolver un problema.
- **Álgebra Lineal:** La rama de las matemáticas que estudia los vectores, matrices y los espacios vectoriales. Es el lenguaje para estructurar los datos en IA.
- **Análisis de Componentes Principales (PCA):** Técnica de reducción de dimensionalidad que utiliza autovectores para encontrar las direcciones de máxima varianza en los datos.
- **Análisis Exploratorio de Datos (EDA):** El proceso de investigar y visualizar un conjunto de datos para entender sus características principales.
- **API (Interfaz de Programación de Aplicaciones):** Un conjunto de reglas que permite a las aplicaciones de software comunicarse entre sí.
- **Aprendizaje No Supervisado:** Paradigma de Machine Learning donde el algoritmo aprende de datos **sin etiquetar** para encontrar patrones.
- **Aprendizaje por Refuerzo:** Paradigma de Machine Learning donde un agente aprende a través de la prueba y el error, interactuando con un entorno para maximizar una recompensa.

- **Aprendizaje Supervisado:** El paradigma de Machine Learning más común, donde el algoritmo aprende de datos **etiquetados** para hacer predicciones.
- **Árbol de Decisión:** Un modelo de aprendizaje supervisado que aprende una serie de reglas jerárquicas (si... entonces...) para hacer predicciones. Es altamente interpretable.
- **Autovector / Autovalor:** Un autovector es una "dirección preferida" de una matriz que no cambia de dirección bajo una transformación, solo es escalado por su autovalor, que representa la magnitud de ese escalamiento.
- **Backpropagation (Retropropagación):** El algoritmo que calcula eficientemente los gradientes en una red neuronal, propagando el error hacia atrás desde la salida hasta la entrada.
- **Big O (Notación O Grande):** La notación que describe cómo escala la complejidad (tiempo o espacio) de un algoritmo a medida que aumenta el tamaño de la entrada (n).
- **Bosque Aleatorio (Random Forest):** Un modelo de ensamble que combina múltiples árboles de decisión para crear un clasificador o regresor robusto y preciso, mitigando el sobreajuste.
- **Clasificación:** Una tarea de aprendizaje supervisado donde el objetivo es predecir una etiqueta o categoría discreta.

- **Clustering:** La tarea principal del aprendizaje no supervisado, cuyo objetivo es agrupar puntos de datos similares en "clústeres".
- **Coeficientes:** Los parámetros (pendientes e intercepto) que un modelo lineal aprende de los datos.
- **Correlación:** Una medida estadística que indica el grado en que dos variables se mueven juntas. No implica causalidad.
- **Deep Learning (DL):** Un subcampo del Machine Learning basado en **Redes Neuronales Profundas**.
- **Descenso del Gradiente:** El algoritmo de optimización principal utilizado para entrenar redes neuronales, que ajusta los pesos en la dirección opuesta al gradiente de la función de coste.
- **Diccionario (dict):** Estructura de datos de Python (basada en tablas de hash) que almacena pares clave: valor y permite búsquedas en tiempo O(1).
- **Función de Activación:** Una función no lineal (como **ReLU** o **Sigmoide**) que se aplica a la salida de una neurona para permitir que la red aprenda patrones complejos.
- **Función de Coste (o de Pérdida):** Una función que mide el error entre las predicciones de un modelo y los valores reales.

- **Grafo:** Una estructura de datos no lineal que consiste en vértices (nodos) y aristas (conexiones), utilizada para modelar redes.

- **Hipótesis Nula ( ):** En una prueba de hipótesis, es la suposición por defecto de que no existe ningún efecto o diferencia.

- **K-Means:** El algoritmo de clustering más popular, que agrupa los datos en 'K' clústeres basándose en la distancia a los centroides.

- **Keras:** La API de alto nivel y fácil de usar para construir y entrenar modelos de Deep Learning en **TensorFlow**.

- **Lista (list):** Estructura de datos ordenada de Python que permite un acceso por índice en O(1) pero búsquedas en O(n).

- **LLM (Modelo de Lenguaje Grande):** Un modelo de Deep Learning a gran escala (como GPT o Gemini), basado en la arquitectura **Transformer**, entrenado para entender y generar lenguaje natural.

- **Machine Learning (ML):** Un subcampo de la IA enfocado en crear sistemas que aprenden patrones directamente de los datos.

- **Matriz:** Una tabla de números de dos dimensiones (filas y columnas), utilizada para representar conjuntos de datos completos.

- **Matriz de Confusión:** Una tabla utilizada para evaluar el rendimiento de un modelo de clasificación, desglosando los aciertos y errores (Verdaderos/Falsos Positivos/Negativos).
- **Media / Mediana:** Medidas de tendencia central. La media es el promedio, la mediana es el valor central.
- **Modelo Pre-entrenado:** Un modelo de Deep Learning que ya ha sido entrenado en un conjunto de datos masivo y que se utiliza como punto de partida en el **Transfer Learning**.
- **Multimodalidad:** La capacidad de un modelo de IA para procesar y razonar sobre diferentes tipos de datos (texto, imágenes, etc.) de forma simultánea.
- **n8n:** Una herramienta de automatización de flujos de trabajo "low-code" que permite conectar visualmente diferentes aplicaciones y APIs.
- **Neurona Artificial:** La unidad de computación básica de una red neuronal, que calcula una suma ponderada de sus entradas y la pasa a través de una función de activación.
- **Notación Big O:** Ver **Big O**.
- **NumPy:** La librería fundamental de Python para la computación numérica, el trabajo con vectores y matrices.

- **P-value:** En una prueba de hipótesis, es la probabilidad de observar los resultados obtenidos (o más extremos) si la hipótesis nula fuera cierta.
- **Pandas:** La librería esencial de Python para la manipulación y el análisis de datos tabulares a través de su objeto **DataFrame**.
- **Precisión y Recall:** Métricas de evaluación para clasificación. La precisión mide la calidad de las predicciones positivas. El recall mide la capacidad del modelo para encontrar todos los casos positivos.
- **Probabilidad Condicional:** La probabilidad de que ocurra un evento A, dado que ya ha

  ocurrido un evento B ( ).
- **Producto Punto:** Una operación de álgebra lineal que mide la similitud o "alineación" entre dos vectores.
- **Prompt Engineering:** El arte y la ciencia de diseñar instrucciones (prompts) claras y efectivas para obtener los resultados deseados de un **LLM**.
- **R^2 (R-cuadrado):** Una métrica que indica el porcentaje de la varianza en una variable dependiente que es explicada por un modelo de regresión.

- **Red Neuronal Convolucional (CNN):** La arquitectura de red neuronal estándar para tareas de Visión por Computadora.
- **Red Neuronal Recurrente (RNN):** Una arquitectura de red neuronal diseñada para procesar datos secuenciales, como el texto, utilizando una "memoria" interna. **LSTM** y **GRU** son variantes avanzadas.
- **Regresión:** Una tarea de aprendizaje supervisado donde el objetivo es predecir un valor numérico continuo.
- **Scikit-learn:** La librería de referencia en Python para el Machine Learning clásico.
- **Sobreajuste (Overfitting):** Un problema común en el que un modelo aprende demasiado bien los datos de entrenamiento (incluyendo el ruido) y pierde su capacidad de generalizar a datos nuevos.
- **SVM (Máquina de Soporte Vectorial):** Un potente algoritmo de clasificación que funciona encontrando el hiperplano que maximiza el margen entre las clases.
- **Tensor:** La generalización de un vector o una matriz a cualquier número de dimensiones.
- **TensorFlow:** Uno de los principales frameworks de Deep Learning, desarrollado por Google.

- **Teorema de Bayes:** Una fórmula fundamental que describe cómo actualizar la probabilidad de una hipótesis a la luz de nueva evidencia.
- **Test A/B:** Un experimento controlado (una prueba de hipótesis) para comparar dos versiones y determinar cuál funciona mejor.
- **Transfer Learning:** La técnica de tomar un **modelo pre-entrenado** y adaptarlo para una nueva tarea, logrando un alto rendimiento con menos datos y tiempo.
- **Transformer:** La arquitectura de red neuronal moderna, basada en el mecanismo de **auto-atención**, que es la base de los **LLMs** más avanzados.
- **Vector:** Un array de números de una dimensión. Se utiliza para representar un único punto de datos con múltiples características.
- **Word Embedding:** Una representación vectorial densa de una palabra, donde la posición del vector en el espacio captura su significado semántico.

Bibliografía y Recursos Adicionales

- **Textos Fundamentales (Los Clásicos de Referencia):**

    1. Cormen, T. H., et al. *Introduction to Algorithms.* MIT Press.
    2. Strang, G. *Introduction to Linear Algebra.* Wellesley-Cambridge Press.
    3. James, G., et al. *An Introduction to Statistical Learning.* Springer.
        - Disponible online: https://www.statlearning.com/
    4. Goodfellow, I., Bengio, Y., & Courville, A. *Deep Learning.* MIT Press.
        - Disponible online: https://www.deeplearningbook.org/

- Guías Prácticas (Manos a la Obra con Código):

5. Géron, A. Hands-On Machine Learning with Scikit-Learn, Keras & TensorFlow. O'Reilly Media.

6. McKinney, W. Python for Data Analysis. O'Reilly Media.

- Recursos Online y Visuales (Aprendizaje Interactivo):

7. 3Blue1Brown - Series "Essence of Linear Algebra" y "Deep Learning".

* Disponibles en YouTube.

8. Coursera - Cursos de Andrew Ng sobre Machine Learning y Deep Learning.

9. Hugging Face - El hub central para modelos y herramientas de NLP.

* https://huggingface.co/

10. Documentación Oficial de Scikit-learn, Pandas, TensorFlow y PyTorch.

Acerca del Autor

¿Qué tienen en común un estetoscopio y un teclado de programación?

La respuesta es **Luis Alonso Ayala Ponce**. Médico de profesión y desarrollador por vocación, Luis ha dedicado su vida a descifrar los dos sistemas más complejos que existen: el cuerpo humano y el código de software.

Esta doble perspectiva, la del doctor que entiende los sistemas biológicos y la del programador que construye sistemas lógicos, le otorga una visión única en el campo de la Inteligencia Artificial.

Nacido en Catacamas, Olancho, su carrera se rige por una filosofía simple y poderosa: **el conocimiento solo tiene valor cuando se aplica.** Y lo ha puesto en práctica de forma rigurosa. A través de un autoaprendizaje disciplinado, ha publicado más de 20 aplicaciones móviles en Google Play y la App Store, además de ser autor de múltiples libros que unen la tecnología con la medicina.

A sus 63 años, Luis es la prueba viviente de que la verdadera curiosidad no tiene edad.

Este libro sobre Inteligencia Artificial no es solo una guía técnica; es la culminación de una vida dedicada a aprender, construir y, sobre todo, poner el conocimiento en acción. Es la visión de un médico que entiende la lógica y de un programador que entiende a la humanidad.

Acerca del Autor